广州市宣传文化出版资金
本作品受“广州市宣传文化出版资金”资助

儒家孝道伦理的历史变迁

赵宏宇 著

广州新华出版发行集团
广州出版社

图书在版编目（CIP）数据

儒家孝道伦理的历史变迁 / 赵宏宇著. —广州：广州出版社，2019.6

ISBN 978-7-5462-2878-5

Ⅰ. ①儒…　Ⅱ. ①赵…　Ⅲ. ①儒家—孝—文化研究—中国
Ⅳ. ①B823.1②B222.05

中国版本图书馆CIP数据核字（2019）第011771号

书　　名　儒家孝道伦理的历史变迁
　　　　　Rujia Xiaodao Lunli de Lishi Bianqian
出版发行　广州出版社
　　　　　（地址：广州市天河区天润路87号9楼、10楼　邮政编码：510635
　　　　　网址：www.gzcbs.com.cn）
责任编辑　陈洁仪
责任校对　卢凯婷
装帧设计　肖晓文
印刷单位　广州市快美印务有限公司
　　　　　（地址：广州市白云区广从五路410号　邮政编码：510545）
规　　格　787毫米×1092毫米　16开
字　　数　213千
印　　张　13.25
版　　次　2019年6月第1版
印　　次　2019年6月第1次
书　　号　ISBN 978-7-5462-2878-5
定　　价　68.00元

谨以此书献给我的父亲母亲

自序

东坡有云：“人生识字忧患始。”以前年纪尚轻，体会不到这句话的真意。如今已到了奔四的年龄，经历了很多事，见识了很多人，渐渐懂得东坡此句实在是见道之言。孟子云：“生于忧患，死于安乐。”人作为一种理性的存在，趋利避害是本能使然，但世之不如意事常八九，可与人言无二三。为什么人生总是失意时多，如意时少？东坡此言正道出了原委。人之所以有忧患，端在于人是会思考的动物，如懵懵懂懂，智慧未开，循着本性而活，饿了自然吃饭，渴了自去饮水，不反思、不谋划，也就无甚忧患可言。而人一旦认字识文，智性萌动，妄念日生，也就开始了一生的忧患。

作为一个80后，我生长在改革开放的春天里，从小衣食无忧，没有经历过大风大浪，一路走来，可以说走得很顺。记得很小的时候，梦想是读一所好大学，当时脑子里根本没有博士的概念，也不懂念了博士究竟意味着什么。然而，形势比人强，随着学业生活的一步步前行，不知不觉中我竟误打误撞念到了博士，如今博士毕业也已十年了。一晃眼，我从一名青涩的学生变身成了老师，还成了家，有了可爱的女儿。在日复一日的讲坛生涯中，不仅要授业、解惑，还要传道、立德，身份与角色的这种转换让我好长一段时间都回不过神来。有时想想，真像是做梦一般。

摆在大家眼前的这本小书，就是根据我的博士论文修改完成的。当初写这篇文字，深藏在我心中的问题意识是如何激活传统文化的资源，使其在现代生活中焕发生机。中国的文化传统源远流长，其中儒家观念对国人行为方式的影响不可谓不大。而“孝道”作为凝结儒家思想的核心内容，它的理念形态如何，在历史变迁中有哪些曲折，它的现代价值又该如何发扬，这些都是我关心的问题。在这本小书中，我尽量循着文献的脉络，以理念为经，以制度为纬，力图勾勒出一幅儒家“孝道”的思想地图。可以说，我的这本书是介于哲学与历史之间的一种学术尝试，既不是太理论化，也非纯粹的历史考察，而是试图对“孝道”的理论与实践做一通盘的研究，所以，几经斟酌之后，书名定为《儒家孝道伦理的历史变迁》，也是希望通过这样一种思想史研究来点出此书的主要问题关怀。

说到这里，大家也许会产生一个疑问，我为什么会有研究儒家孝道这一古老话题的冲动呢？说心里话，我写作的当时可能也没有仔细想过这个问题，现在看来，其中可能有两个明显的原因。其一，是出于对知识的好奇心，特别是在学术上对儒家伦理的兴趣。其二，也有一些对现实的考量，就是想将这样一种研究，作为对父亲母亲无私之爱的微小回报。我读博士时，年龄已经不小了，如何尽孝一直是萦绕在我心头的问题。当时没有经济能力，物质上无法对父母有任何感恩的回馈，所以只能在精神层面，试图通过这样一种努力，让他们二老感受到其实我是怀有一份孝心的。

回忆当初硕博连读的五年，我选择中国哲学作为研究方向，也是事出有因。或许是受父亲影响的缘故，我对中国的历史与文化传统向来留心较多，求学阶段，想的是学一门有点难度的专业。作为一个文科生，对数理知识不甚了了，一向不敢涉足。而在人文学科中，历史使人明智，文学让人感性，哲学则令人思辨。应该说，哲学是最锻炼理性的一门学问。我当时年轻气盛，也不知轻重，就误入了哲学的门庭，但谁知一入“侯门”深似海，在哲学这门深奥的学问里打转了十年，最终还是没有走上献身纯学术的道路。

此外，我选择中国哲学作为学术研究的领域，与陈少明教授的循循善诱也颇有渊源。记得本科时上“近代中国哲学”这门课，主讲老师就是陈教授，当时我听得很认真，对传统学问的兴趣也就在那个时候开始萌动了。于是，为了在学养上打下牢固的基础，我开始遍读儒、释、道的经典文献。那时读书，也真的是拼上了身家性命，如饥似渴，手不释卷，一头扎进故纸堆，无怨无悔，硬是做了几年“躲进小楼成一统，管他春夏与秋冬”的书呆子。如今回想起那段日子，一头是学业的压力，一头是生活的重负，其中苦乐，实在不足为外人道也。就这样跌跌撞撞，迷迷茫茫，终于坚持到博士毕业，顺利通过了论文答辩，算是结束了一段平静而清苦的读书生活。现在想想，当时也真是挺不容易的。

毕业之后，我来到广州市委党校工作，这部文稿也就放在箱底，成了尘封的故物。

自入职党校以来，弹指之间，又是十年了。这十年来，我做了很多事，可以说从做一名“小学生”开始，不断打磨课程，慢慢适应党校的讲台，此外，还主持了不少课题，科研工作也在稳步推进。本书附录收有三篇论文，基本是在党校工作后完成的成果。附录一是对本书内容的一个简要提炼，读者要是觉得读全书有点吃力，通过这篇文字，基本上可以提纲挈领地了解本书的内容。附录二是广州市哲学社会科学规划课题的研究成果，对儒家与现代民主政治的兼容性问题做了一点梳理的工作，对于从一个更广阔的视野认识现代社会中的儒家提出了一些个人化的思考。附录三则是从解释学的立场出发，以《论语》这部经典文献为例，提出“解经”过程中需注意的若干问题。这三篇文字可以看做是对本书正文的补充，既是对这些年我个人学术努力的一种总结，对于更好地理解儒家的思想性格也有照明之效。

最后，本书得以出版，要感谢我所供职的广州市委党校。这些年来，学校为我个人的成长提供了优渥的平台和宽松的环境，让我能够从容开展教学、科研工作，对此，我感念在心，无以言表。可以说，如果没有学校的大力支持与极度包容，这本小书是绝无可能面世的。古语云：“文章千古事，得失寸心知。”我深知这本书还有很多不足之处，但作为我的第一部专著，希望本书的出版不是我学问之路的终点，而是又一次启程的加油站。立此初心，愿不畏艰险，砥砺前行。是为序。

目录

导论

孝的观念及其实践是中国文化中极有特色的一项内容。与世界其他文明相比，可以说中国是最重孝道的国度。罗素曾说："孝道并不是中国人独有，它是某个文化阶段全世界共有的现象。奇怪的是，中国文化已到了极高的程度，而这个旧习惯依然保存。古代希腊人、罗马人也同中国一样注重孝道，但随着文明程度的增加，家族关系便逐渐淡漠。而中国却不是这样。"[1]徐复观先生也引日人桑原骘藏的话说："孝道是中国的国本、国粹。"还说："若不牢牢记住孝道是中国人的家族、社会、宗教乃至政治生活的根据的这一事实，即终究不能理解中国及中国人的真相。"[2]谢幼伟先生也说："中国文化在某一意义上，可谓为'孝的文化'，孝在中国文化上作用至大，地位至高，谈中国文化而忽视孝，即非于中国文化真有所知。"[3]由上述三位学者的意见可以推知，我们要想真正理解中国文化，离开对孝道的研究，是不得其门而入的。我的这本小书便是想对孝道的观念形态与其落实到社会政治生活的实践形式做一个通盘的研究，希望通过扎实的文献解读与历史分析，能让我们对中国历史上的孝文化有一个较为切近的认识。

关于中国传统孝文化的研究，学界已经积累了不少成果，就目前的研究状况而言，肖群忠的《孝与中国文化》、康学伟的《先秦孝道研究》、查昌国的《先秦"孝"、"友"观念研究》以及王长坤的《先秦儒家孝道研究》都是其中比较有代表性的作品。这些作品的一个显著特点是将研究的视角集中于梳理思想史上孝道观念的演变，以思想家的著述为研讨的文本，详于分析思想而略于论述孝道的实践形态，并且在断代上大致以先秦为限，对于此后中国两千余年孝文化的发展则措意稍少。总体来看，这种格局构成了当前学界研究的常态。就思想史的一般研究理路而言，这一现

[1]罗素：《中国问题》，第30页，学林出版社，1996年。

[2]徐复观：《中国孝道思想的形成、演变及其在历史中的诸问题》，《中国思想史论集》，第131页，上海书店出版社，2004年。

[3]谢幼伟：《孝与中国文化》，转引自梁漱溟：《中国文化要义》，第23页，上海人民出版社，2005年。

状也是合情合理的。因为从源流上讲，塑造孝道观念基本性格的文献资料在先秦时代大体已经成型，儒家典籍中关于孝的论说资源也十分丰富，梳理这部分内容对于准确理解中国孝文化的特色具有相当重要的意义，厘清这一时段孝道思想的发展脉络，也就基本上把握到了中国孝文化的内核与精髓。从观念层面上讲，此后中国两千余年关于孝的学理资源大致不出先秦文献所框定的范围，只不过在细节方面稍有损益罢了。但问题是，虽然“孝”的伦理要求有其具体的观念内容，但它更主要的特征却在于其实践的性格，如果我们仅注重研究它在思想家的理论系统中占有什么位置，与其他伦理观念如何相关联，这只能在学理层面搞清楚它的意义，而对它在实际生活中所发挥的影响则不能得到清晰的认识。本书的研究思路在切入点上便试图兼顾观念与实践两个维度，在探讨孝道观念思想形态的同时，将研究重心放在孝的实践环节上；本书的章节安排也正体现了这一思路，只用一章的篇幅来梳理孝的理论资源，却用了两章的内容来讨论其在实践生活中所扮演的角色；笔者希望通过这一研究视野上的变化能够为学界现有的研究模式提供一种新的尝试。

当然，考察“孝”在实践层面的开展可以有多种研究途径，考虑到资料的限制及本书的论旨，笔者在研究过程中试图以“制度化”及“法律文化”两个概念来收紧研究的范围。前者集中讨论汉代“孝”在政治生活方面所发挥的影响力，后者则纵论秦汉以来的法律文件中关于劝孝的内容。

纵观中国古代思想史，孝的观念早在商周时期已开始萌芽，进入春秋战国，儒家学派赋予孝以新的时代意义。可以说，“孝”在儒家思想中占有很重要的位置，是儒家建构伦理社会的起点，这种立场对于塑造中国人的民族性格产生了相当深远的影响。当然，在先秦，环绕孝之价值与意义问题的争论也构成诸子争鸣中一个很重要的面相。墨家、道家、法家对于儒家所倡导的孝道观念都从不同侧面提出异议，在思想史上显现出奇异突诡的交锋局面。不过，随着秦汉大一统社会的出现，战国异彩纷呈、学派林立的思想景象逐渐衰落。秦祚甚短，以法家思想治国，但终二世而斩，汉王朝吸取秦的前车之鉴，统治者标榜“以孝治天下”，至武帝一朝，罢黜百家，独尊儒术，随后儒学便开始了全面制度化的过程。在国家力量的支持下，社会上重孝之风开始流行，而孝的观念也开始扎根于实践生活之中，成为规范人们行为的重要价值准则。西汉末期至东汉一朝，谈论天人感应与谶纬的学说大行其道，而倡导纲常名教的思想与儒家的孝道伦理开始紧密结合，呈现出与先秦儒学十分不同的面貌。在制度层面，汉代统治者将是否能够行孝作为选拔官吏、任用官吏的重要标准，“孝廉”一科也成为汉代取士最为通行的门类。此外，政府还大力褒奖力行孝道之人，给予精神或物质上的鼓励，并广设“《孝经》师”的教职，从教育制度上保障儒家孝道伦理的推广。这些措施都对促进中国孝文化的蓬勃发展有积极的意义。从大的背景来看，“孝”的制度化过程是儒学在汉代全面制度化中一个具体而微的例子，我们之所以选择汉代作为讨论的重点，是因为汉是中国第一个崇尚孝道的王朝，它的文化选择在很大程度上影响了此后专制王朝的文化取向，而中国孝文化以此为端，并逐步发扬光大。

在研究了汉代孝道制度化的若干方面之后，本书的第三章试图从法律文化的视角来考察中国历史上环绕“孝”问题所出现的各种法律文件。就目前国内的研究状况来看，从这一角度来研究中国孝文化的作品还不多，瞿同祖先生出版于1947年的《中国法律与中国社会》一书是其中比较有代表性的成果。不过由于瞿先生的著作是从宏观上总论中国传统法律的特征，而本章的内容则是考察“孝”在法律中所占的地位，二者在取径上并不相同，故在研究的侧重点上也是有差异的。在中国历史上，“不孝”作为罪名早在秦律中就有所体现，不过由于资料的缺失，我们并不能准确知道当时所谓的“不孝”所包含的具体内容。直到《唐律疏议》中，“不孝”作为“十恶”之一才被赋予了丰富的内涵，本章第二节对此进行了十分详细的分析。在此之后，笔者又考察了亲亲相隐、血族复仇等关涉孝道内涵的几个侧面的问题，试图在更具细节性的规定中挖掘法律文件对此的说明，并在此基础上对其价值与意义进行了讨论。在本章中，笔者还特别指出，中国传统法律是以维护名教纲常于不坠为其中心内容的，从某种意义上说，传统法律是从属于伦常名教的，而这对于我们理解中国传统法律的基本性格也将是十分关键的视角。

最后，在现代社会的背景下，本书对“孝”之伦理价值进行了反思性的讨论，对儒家孝道伦理的积极意义也做了尝试性的分析，并进一步指出，在中国古代，“孝”不仅仅属于家庭伦理，也是构建国家伦理中相当重要的环节。忠孝一体的伦理欲求对应于家国一体的国家建构原则，这种组织社会的特殊模式为中国传统的一大特色，是构成中国文化性格中的重要因素。这种独具一格的社会组织模式不能用现代政治哲学中公私领域二分的理论来分析，而只能在传统社会“差序格局”的组织模式中得到理解，而我们只有把握住中国文化的这一特质，对中国传统的了解才会更加恰切，进而才有了对传统进行创造性转化和创新性发展的基础。

第一章 先秦时期儒家典籍中“孝”的观念

孝道是儒家经典反复强调的核心观念之一。在先秦诸子百家的论述中，各家都对“孝”有不同程度的论说，具体分析起来，对于孝的地位与作用，各家的说法又有微妙的不同。在本章中，我们先深入儒家的思想世界，在分析完儒家的观点之后，引入墨家、道家、法家的一些说法，通过参照类比，以发现其中的异同。

第一节

“孝”的起源
——孔子之前

一、初民时期

“孝”作为一个正式的观念提出，究竟起于何时，这在学界是一个有争议性的问题。从字源上看，《说文解字》曰：“孝，善事父母者。从老省，从子，子承老也。”《尔雅·释训》也云：“善父母为孝。”可见，“孝”在字义上就体现了子女对于父母的奉养与关照。不过，这种文字学上的证据已经是“孝”的后起之意了，如果我们要详细追溯“孝”的原始含义是如何经过一步步的演变才到达后来所谓的“善事父母”，则不得不从初民的宗教文化生活说起。

在人类出现早期，普遍存在着生殖崇拜和祖先崇拜的现象。从考古学的证据看，早在龙山文化、仰韶文化时期，就已经发现了石刻、木制的祖俑，其形状与男性生殖器极为相像。这说明在初民时期，生殖崇拜与祖先崇拜就是合二为一的并起现象。不过，随着生产力的发展与人类知识的进步，生殖崇拜逐渐为祖先崇拜所取代，到了父系氏族公社时期，祖先崇拜的观念就完全确定下来了。关于祖先崇拜与生殖崇拜之间的关系，郭沫若曾从古文字学的角度提出，“妣”为女阴的象形字，“祖”为男根的象形字。他说：“中国的远古先民先后实行过女阴崇拜和男根崇拜，由此才发展出对女性祖先和男性祖先的崇拜。”[1]由此可见，人类崇拜妣祖的事实

[1] 郭沫若：《释祖妣》，《郭沫若全集》第一册，第38页，科学出版社，1982年。

乃源于生殖崇拜，无论从考古学的角度，还是从古文字学的角度，这都是有着坚强证据的说法。

这一人类历史进程的发展脉络，与“孝”的最初含义也有着密切的关系。从生殖崇拜到祖先崇拜，“孝”的含义也在悄然间发生着变化。宋人戴侗在《六书故》中曾指出，“季”是孝的异体字。这就是说，“孝”字从“爻”（从“交”），与生殖有关，它所“传达的信息是男女交合，生育子女。‘孝’所记录的是早期汉语中‘家庭’的‘家’这个词。因为构成家庭的基本要素，就是夫妻及其子女。夫妻是通过交媾关系结成的，子女则是夫妻交媾后的产品。”[1]据此，我们可以说，在远古时期，先民的生殖崇拜已经标志着“孝”的思想萌芽。不过，这里的“季”与后世所说的“孝”意义相去甚远罢了。随着时间的推移，“孝”的这一原始意义逐渐隐而不彰了，继之而起的是尊祖观念逐渐成为“孝”的本义，而这自然与祖先崇拜的兴起密不可分。[2]不过，初民将孝作为祖先崇拜下产生的观念，这主要还是一种原始宗教形态下的朦胧意识，并不能和后世成熟的尊祖敬宗的祭祀仪式相提并论。商周时期的“孝”观念虽直接承绪于生殖崇拜与祖先崇拜的遗风，但其表里都与初民基于原始心态下的宗教崇拜有很大距离。

二、商周时期

以上所论，可以看作是对“孝”的观念产生的史前推测。现在，让我们来看自有文字记载以来“孝”字含义的演变。

徐复观先生曾说：“就古代比较可靠的史料看，在殷代的祖先崇拜中，原始性的宗教意味重于实践的道德意味。因此，孝的观念此时恐尚未

[1] 宋金兰：《“孝”的文化内涵及其嬗变》，引自《青海社会科学》，1994年第3期。

[2] “孝”在金文中写作“（孝）”，是祭祀祖先有所奉献的形象，见刘宝才：《求学集》，第165页，陕西人民出版社，2005年。

形成，所以甲骨文中没有‘孝’字。……在周初以前，凡提到孝的文献，在时代上都不可靠。……周朝立国，是大封同姓以控制异姓，并建立宗法制度以树立同姓内部的秩序与团结。……他们团结的最高象征是文王，而团结的目的是要‘文王孙子，本支百世’，以维持一姓的政权于不坠，于是孝的道德要求特为重要。其他的许多道德观念和制度，都是以孝为中心展开的。”[1]何平先生也说：“《礼记·表记》云：‘殷人尊神，率民以事神，先鬼而后礼，先罚而后赏，尊而不亲。’从生者对于祖灵的态度来看，殷人的孝慈伦理观念似乎还很朦胧和淡薄，其于祭祀，更多的是为了祛祸除祟，而绝不同于周人的‘追孝’，这也为殷人甚至殷代不可能提出‘孝’的旁证。总之，‘孝’这一德目应是由周人首先提出的。在西周时期，‘孝’又扩张为一伦理政治范畴，从而影响了几千年的中国封建社会，这是不言而喻的。”[2]徐、何两位先生在这里指出“孝”的观念在商代尚未形成，自然不是说商代没有祖先崇拜，也不是指商人没有敬祖的意识，而应指商代没有发展出具有伦理意味的“孝”。事实上，研究者已指出：“在宗法制度已臻完备的殷代社会中，孝道是最重要的，祭祀是国之大事，所谓‘事死如事生，事亡如事存，孝之主也’。在卜辞中，卜祀之辞占大部分，原因在此。”[3]可见，在商代广泛存在着祭祀祖先的仪式。不过，殷人的这种祭祀仍带有很强的功利性，其结果无非是想通过祭祀达到取悦祖先，从而祈求降福的目的，而且，殷人所崇拜的祖先神与天神“帝”尚没有完全分离。这也就是说，在殷人的观念中，“孝”的含义仍停留在宗教意味浓厚的祭祀活动中。如果我们说殷人没有后世“善事父母”的孝道，这是可以的，但如果由此否定他们根本没有孝的观念，则有欠妥当，这个中缘由，端在于我们对“孝”的含义作何广狭的理解。

---

[1] 徐复观：《中国思想史论集》，第133～134页，上海书店出版社，2004年。

[2] 何平：《“孝”道的起源与“孝”行的最早提出》，引自《南开学报》，1988年第2期。

[3] 董作宾：《甲骨学五十年》，第150页，台湾艺文印书馆，1956年。

如果说殷人孝的观念仍保留浓重的宗教色彩，那么，西周以来孝的观念一方面继承了这一特征，另一方面则向伦理人文的方向发生转变。当然，这种转变只能是渐进的、缓慢的，而非直线跃进的突变。

从现存金文来看，“享孝”、“追孝”二字常常连用，如：

用追孝于已伯，用享大宗（1.17）

用享孝于宗室（4.16）

用享孝于宗老（4.31）

用朝夕享孝于宗室（8.3）

用夙夜享孝于宗室（8.39）

用享孝宗室（10.39）

用享孝于皇神、祖、考、于好朋友。（10.40）

用享孝于兄弟、婚媾、诸老。（12.28）[1]

以上八例中一例言追孝，其余均言享孝。《诗经·小雅·天保》云“是用孝享”，毛传的解释是“享，献也”；《国语·鲁语上》曰“尝禘蒸享”，韦注云“春祭曰享，享，献物也”。可见，“享”有献物祭祀的意思。舒大刚先生对金文和先秦早期文献中的“孝享”释义后认为：“孝享”一词，浑言之都是祭祀；析言之，则“孝”是向神行礼，“享”乃向神献物，“孝”、“享”单用时可互通，都是祭祀之意。舒先生进一步指出：“与《周易》一样成书较早的《诗经》，也用‘孝’字表示祭祀，甚至也有‘孝享’的相同用法。全部《诗经》305篇，‘孝’字见于《小雅》、《大雅》、《周颂》、《鲁颂》之诗。《雅》、《颂》之诗，本是在各种庆典和活动中所奏，‘孝’字频繁出现在《雅》、《颂》，而不见

[1] 罗振玉编：《三代吉金文存》，中华书局，1983年，转引自王长坤：《先秦儒家孝道研究》，第72~73页，巴蜀书社，2007年。

于《国风》中，这本身也说明‘孝’的祭祀性质。”[1]《国语·周语上》说：“夫祀，所以昭孝也。”《国语·鲁语上》也说：“夫祀，昭孝也，各致齐敬于其皇祖，昭孝之至也。”由此可见，在西周早期，孝的含义仍然停留在祭祀祖先的意义上，有研究者总结：“在周代贵族那里，孝的主要内涵为尊祖敬宗，并且施孝的主要方式是祭祀。”[2]

西周、春秋时代的“孝”以尊祖祭祖为其核心内容，这与当时的宗法制度有很深的关系。徐复观先生说：“孝道和传子的政治制度有密切的关系，甚至可以说是起于政治的传子制度。因传子是家天下，要政权稳定，首先需要有一个稳固的家庭。孝便是以父权为中心所渐渐形成的巩固家庭组织、秩序的观念。”[3]杨宽先生也说：“在宗法制度下，宗子都继承其祖先的地位、权力和职司，需要向祖先报恩，也需要向祖先学习，……还常需要向祖先请示和报告，有所谓‘告庙’，更希望得到祖先的帮助和保佑。在他们的宗教观念中，祖先必须要子孙祭祀，子孙要祖先降福，活人离不了死人，死人亦离不了活人。宗子不仅是一族之长，又是宗庙之主，……如果宗族灭亡，宗庙也就绝祀，他们认为这是最大的不孝，所谓‘灭宗废祀，非孝也’（《左传·定公四年》）。”[4]在周代，宗子为王之嫡子，只有宗子才有庙祭祖先的权力，而庶子是不能直接向祖先献祭的，故《礼记·曲礼下》曰：“支子不祭，祭，必告于宗子。”孔疏云：

---

[1] 舒大刚：《〈周易〉、金文“孝享”释义》，引自《周易研究》，2002年第4期。按：《诗经》中“孝”字凡十七见，著名的说法如“孝子不匮，永锡尔类”（《大雅·既醉》）、“有孝有德，以引以翼”（《大雅·卷阿》）、“假哉皇考，绥予孝子”（《周颂·雍》）、“於乎皇考！永世克孝”（《周颂·闵予小子》）等。

[2] 刘海鸥：《从传统到启蒙：中国传统家庭伦理的近代嬗变》，第23页，中国社会科学出版社，2005年。

[3] 徐复观：《中国思想史论集》，第133页，上海书店出版社，2004年。

[4] 杨宽：《先秦史十讲》，第193～194页，复旦大学出版社，2006年。

“支子，庶子也。”[1]在这种严格的宗法制度下，只有宗子才有资格被叫为孝子，这在《礼记·曾子问》的记载上讲得很清楚。“曾子问曰：‘宗子为士，庶子为大夫，其祭也如之何？’孔子曰：‘以上牲祭于宗子之家，祝曰：孝子某为介子某荐其常事。’”[2]从“孝子”一词的原始意义来看，即指宗子而言，这也从一个侧面反映出宗法制对“孝”的含义的影响。这时，以敬养父母为核心的孝道思想还没有出现，不过，《诗经》中的一些说法已经开始透露出以凝结亲子之爱、偏于伦理意味的“孝”的观念正在慢慢萌芽，试看以下几例：

①小雅·蓼莪

蓼蓼者莪，匪莪伊蒿，哀哀父母，生我劬劳。

蓼蓼者莪，匪莪伊蔚，哀哀父母，生我劳瘁。

……

无父何怙，无母何恃？

……

父兮生我，母兮鞠我。拊我畜我，长我育我。顾我复我，出入腹我。欲报之德，昊天罔极。

②唐风·鸨羽

肃肃鸨羽，集于苞栩。王事靡盬，不能蓺稷黍。父母何怙？悠悠苍天，曷其有所？

肃肃鸨翼，集于苞棘。王事靡盬，不能蓺黍稷。父母何食？悠悠苍天，曷其有极？

---

[1] 对此点，李恭解释得很明白，他说：“祭礼通俗谱曰：‘祭必以子’，子必有兄弟，周制兄弟严嫡庶，而嫡庶又严长次，为长嫡可以主祭，次嫡与庶皆名支子，皆不得主祭。盖封建之世，天子诸侯卿大夫惟长嫡得袭位，次嫡即不袭，故古之重嫡即重贵也。”转引自瞿同祖：《中国法律与中国社会》，第21页，中华书局，2003年。

[2] 王文锦详解：《礼记译解》，第261页，中华书局，2001年。

肃肃鸨行，集于苞桑，王事靡盬，不能蓺稻粱。父母何尝？悠悠苍天，曷其有常？

③邶风·凯风

凯风自南，吹彼棘心。棘心夭夭，母氏劬劳。
凯风自南，吹彼棘薪。母氏圣善，我无令人。
爰有寒泉，在浚之下。有子七人，母氏劳苦。
睍睆黄鸟，载好其音。有子七人，莫慰母心。

④小雅·四牡

翩翩者鵻，载飞载下，集于苞栩。王事靡盬，不遑将父。
翩翩者鵻，载飞载止，集于苞杞。王事靡盬，不遑将母。
驾彼四骆，载骤骎骎。岂不怀归？是用作歌，将母来谂。

⑤小雅·北山

陟彼北山，言采其杞。偕偕士子，朝夕从事。王事靡盬，忧我父母。

上述五例，均是表现民众感念父母艰辛劳作并心有不忍的朴素情感，这种源于人类天性的亲子之爱正是“孝”之观念由宗教、宗法道德向伦理人文道德过渡的最原本根苗。正是因为人类有这种近乎本能的亲亲心理，才使得后来以“善事父母”为核心内容的孝道有了存在与发展的根据，而这一人伦道德的觉醒的时间，从现存资料看，已经到了春秋战国时代。[1]

---

[1] 如《左传·隐公元年》载：“颍考叔，纯孝也，爱其母，施及庄公。”《左传·文公十八年》载：“见有礼于其君者，事之如孝子之养父母也。”这里“孝子”的含义，已经不是宗法制下“宗子”的意思了，而是泛指能够敬养父母的子女。又如《国语·晋语一》载：“事君以敬，事父以孝。”《国语·晋语二》载：“守情说父，孝也。”《国语·齐语》载：“慈孝于父母。”从以上这些说法中不难看出，这里的“孝”的对象已经不是先祖，而是在世的父母了，一般认为《左传》、《国语》成书年代在春秋战国时期，所以它们的记载也反映了那个时代所普遍流行的观念。

第二节

亲亲之心：儒家论“孝”（上）

春秋末期，中国历史进入了一个礼崩乐坏的阶段，社会的既有秩序开始解体，原来由世袭贵族垄断的王官一体的“道术”开始分散为诸子百家，《庄子·天下》对此历史过程有一段很精炼的论述：

古之人其备乎！配神明，醇天地，育万物，和天下，泽及百姓，明于本数，系于末度，六通四辟，小大精粗，其运无乎不在。其明而在数度者，旧法世传之史尚多有之。其在于《诗》、《书》、《礼》、《乐》者，邹鲁之士搢绅先生多能明之。……其数散于天下而设于中国者，百家之学时或称而道之。天下大乱，贤圣不明，道德不一，天下多得一察焉以自好。譬如耳目鼻口，皆有所明，不能相通。犹百家众技也，皆有所长，时有所用。虽然，不该不遍，一曲之士也。判天地之美，析万物之理，察古人之全，寡能备于天地之美，称神明之容。是故内圣外王之道，闇而不明，郁而不发，天下之人各为其所欲焉以自为方。悲夫，百家往而不反，必不合矣！后世之学者，不幸不见天地之纯，古人之大体，道术将为天下裂。

这一“道术将为天下裂”的论断，从现代社会学的观点看，正标识着古代文明发展史上一个最重要的关键，即所谓“哲学的突破”（philosophic breakthrough）。

这里无需对“哲学的突破”做详细的解释。在公元前一千年之内，希腊、以色列、印度和中国都曾先后以不同的方式经历了一个“哲学的突破”的阶段。在这一阶段，人类对构成自身处境之宇宙的本质产生了一种理性的认识，而这种认识达到的层次之高，在过去是从未有过的。[1]具体到中国的情况，这便是从春秋末期一直延续到战国年间百家争鸣局面的出现。这时，原先以“封建”为特征的社会政治秩序遭到了极大破坏，思想家们逐渐开始超越过去的礼乐传统，思想界也出现了一种自由奔放的论道、论政的氛围，而在这一过程中，知识分子（“士”）的身份与地位也开始发生变化，这也为新观念的生成提供了良好的契机。[2]

以最早出现的儒家而言，孔子的“述而不作”便表现出三大特征，这也是他对传统进行创造性转化的最伟大贡献。第一，孔子从过去特定的事项中，找出富有普遍性的共同法则。例如，礼本是由宗教的人神交接发展为贵族交接的礼仪及政治制度，到孔子则发展为一般人的行为规范。第二，孔子把外在的形式转化而为内心的德性。如礼本是外在的形式，孔子却把礼与仁结合在一起，而使仁居于主导的地位。第三，孔子通过他个人人格上的体验与成就，将传统的观念作了根本性的转化，如将传统主宰吉凶的“天道”提高到子贡不可得而闻的“天道”。[3]我们将这三点应用到“孝”的观念上，也是完全适当的。

从《论语》的记载来看，孔子论孝，有以下两点突破性的观念是过去所没有的。第一，在西周，“孝”主要体现在对祖先的祭祀活动中，因而带有浓重的宗教色彩；在分封制的大背景下，“孝”主要是一种宗族道

[1] 余英时：《士与中国文化》，第20页，上海人民出版社，2003年。

[2] 概而言之，在周代封建制度下，“士”属于贵族阶级中最低的一层，“士”的上面还有“天子”、“诸侯”、“大夫”各级，形成了一个金字塔式的结构。世袭的封建贵族，不仅垄断着诗、书、礼、乐等各种知识，而且也垄断了各级政府的职位。在这一情形下，“士”的地位受到三个方面的限定。以社会身份言，“士”限定在封建贵族之内；在政治方面，“士”限定在各种具体的职位之中；在思想上，“士”则限定在诗书礼乐等王官学的范围内。在这样的限定下，“士”便不容易发展出一种超越的精神，使他们可以全面而系统地对现实世界进行反思和批判。但到了春秋末期，社会秩序的解体使“士”的社会地位发生了根本的变化，发展到战国年代，“士”已经不再属于贵族，而成为四民之首了。这种变化，为新的思想与观念的形成，提供了相当有利的条件。参看余英时：《士与中国文化》，第600～601页，上海人民出版社，2003年。

[3] 徐复观：《中国思想史论集》，第134页，上海书店出版社，2004年。

德，而孝的人伦意义，抑或是“孝”作为家庭道德的内涵并不十分突出。而孔子论孝，则基本上实现了由宗族道德向家庭道德的转换，在孔子眼里，孝主要用来规范以父子为主轴的伦理关系，其尊祖敬宗的意味尽管没有完全被取代，但其分量已经被冲淡了。如孔子曰：“父母在，不远游，游必有方。”（《论语·里仁》）又说：“父母之年，不可不知也。一则以喜，一则以惧。”（《论语·里仁》）无论“不远游”也好，知“父母之年”也好，其目的都是施孝，而这里孝的对象显然已局限于亲子之间了。第二，孔子对“孝”的重视，其中贯穿着仁的精神，并将孝与敬的心理状态，将孝与礼联系在一起，这极大地丰富了孝的内涵，为过去的时代所不曾有过。对此，有子有一段话很能说明问题：“其为人也孝弟，而好犯上者，鲜矣。不好犯上，而好作乱者，未之有也。君子务本，本立而道生。孝弟也者，其为仁之本与。”（《论语·学而》）这便是将孝作为仁的根本而提出。蔡元培先生也说：“人之令德为仁，仁之基本为爱，爱之源泉，在亲子之间，而尤以爱亲之情之发于孩提者为最早，故孔子以孝统摄诸行。”[1]这正好也点出了孝乃仁的发端，其洞见是十分敏锐的。又如：

子游问孝，子曰：“今之孝者，是谓能养。至于犬马，皆能有养，不敬。何以别乎？”（《论语·为政》）

孟懿子问孝。子曰：“无违。”樊迟御，子告之曰：“孟孙问孝于我，我对曰‘无违’。”樊迟曰：“何谓也？”子曰：“生事之以礼，死葬之以礼，祭之以礼。”（《论语·为政》）

这两则语录标识着孝与敬、与礼有着密切的关系。作为一种伦理要求，孝不是孤立的心理或行为，它必须与孔子思想中其他的一些中心观念相配合才能发挥其应有的作用，这种将孝融入其他精神性观念的做法，一

[1] 蔡元培：《中国伦理学史》，第11页，商务印书馆，1999年。

方面充实了孝的意义，另一方面也使孔子的整个思想架构得到了血肉丰满的表达。[1]

孔子之后，论孝最为着力的是曾子，本文不打算以思想家为个案来逐个分析孝的观念的变迁，而是采用另外一种论述方式，将儒家大师们论孝的文字做重新的组合，拈出其中最有代表性的一些说法，进而从学派的角度凸显儒家作为一个整体所具有的特色。因此，先秦儒家这一概念将是十分具有弹性的，它指代一切被认为是儒家学派的著作，甚至《礼记》、《孝经》也被包括在内，尽管这两本书的编定可能要到汉初，但其表达的观念却是延续春秋末期以来儒家的思想。因此，从一个宽泛的角度讲，它们所代表的视野仍然与先秦儒家一脉相承。

首先，需要指出的一点是，与其他学派相比，儒家对孝的强调十分引人注目，孝这一具体德目被上升为一种普遍的伦理要求，其弥漫周遍，几乎到了无所不在的地步。试看以下一些说法：

①夫孝，置之而塞乎天地，溥之而横乎四海。（《礼记·祭义》）

②夫孝，天之经也，地之义也，民之行也。（《孝经·三才》）

③夫孝者，天下之大经也。（《大戴礼记·曾子大孝》）

④天地之性，人为贵；人之行，莫大于孝。（《孝经·圣治》）

⑤夫孝，德之本也。（《孝经·开宗明义》）

⑥孝，德之始也。（《大戴礼记·卫将军文子》）

⑦民之本教曰孝。（《礼记·祭义》）

其中，①、②、③条，突出“孝”作为伦理德目的普遍意义，在这里，“孝”的价值已不仅仅局限于规范父子关系，而是上升到“天下之大

---

[1] 孟子继承了孔子以仁义说孝的传统，并配以其他德目，论述更加严密周详了。如《孟子·离娄上》云：“仁之实，事亲是也；义之实，从兄是也；智之实，知斯二者弗去是也；礼之实，节文斯二者是也；乐之实，乐斯二者，乐则生矣；生则恶可已也，恶可已，则不知足之蹈之，手之舞之。”

经”的高度。“孝”作为德目之一，它已泛化到伦常的各个领域，成为处理天、地、神、人关系的范式与模本。④条从行为的角度，说明“孝”行在处理人伦关系中的特殊作用。⑤、⑥两条，强调“孝”作为德之根本的地位。⑦条，则从教化的层面，点出以孝教民的重要性。纵观以上7条，儒家从各个侧面指出“孝”德作为德行之首的核心位置，其用语、措辞之重，是值得特别关注的。[1]

其次，儒家论孝，很重要的一点，是从人性的根源处提撕“孝”作为培养德性的始点，以循序推广，将孝德延伸至人生的各个方面，以筑成人的德性的生长。具体地说，这便是人的亲亲之心。《论语》中有一段讨论三年之丧的话值得认真玩味：

宰我问：“三年之丧，期已久矣。君子三年不为礼，礼必坏；三年不为乐，乐必崩。旧谷既没，新谷既升，钻燧改火，期可已矣。”子曰：“食夫稻，衣夫锦，于女安乎？”曰：“安！”“女安则为之。夫君子之居丧，食旨不甘，闻乐不乐，居处不安，故不为也。今女安，则为之。”宰我出。子曰：“予之不仁也！子生三年，然后免于父母之怀。夫三年之丧，天下之通丧也。予也有三年之爱于其父母乎？”（《论语·阳货》）

三年之丧，是儒家守孝的重要手段之一，关于这一点，本章第四节还有详细论述。这里我们需要注意的是，孔子与宰我的对话，其争执的焦点是心安与否，也就是说，是否遵循三年之丧的礼制，意味着子女是否能明

---

[1]“孝”作为子事父的伦理要求，在儒家那里还被无形地放大到人类生活的各个领域，成为处理人际关系的重要准则。如曾子说：“居处不庄，非孝也；事君不忠，非孝也；莅官不敬，非孝也；朋友不信，非孝也；战陈无勇，非孝也。五者不遂，灾及于亲，敢不敬乎？”（《大戴礼记·曾子大孝》）这是将孝的作用推广到居处、事君、为官、交友、作战等五个方面。又如，曾子说：“民之本教曰孝……夫仁者，仁此者也；义者，宜此者也；忠者，中此者也；信者，信此者也；礼者，体此者也；行者，行此者也；疆者，疆此者也。”（《大戴礼记·曾子大孝》）这是将孝作为德性的核心内容加以提出，儒家重视的其他德目均以“孝”为中心。

了其中蕴含的“礼义”；而这一礼制设计的初衷，则是为了怀念父母对子女的三年养育之恩。所以，孝亲的根苗在于爱亲、亲亲，如果没有这种基于人类原始本能的心理，而“安”于短丧，那么，三年之丧的礼制也就失去了它存在的价值与意义。对此，费孝通先生曾说：“我读《论语》时，看到孔子在不同人面前说着不同的话来解释‘孝’的意义时，我感到这是乡土社会的特性了。孝是什么，孔子并没有抽象地加以说明，而是列举具体的行为，因人而异地答复了他的学生。最后归结到心安二字。”[1]儒家思想充满着含情脉脉的人情味，这在对“孝”的论述中得到了充分的体现。[2]关于人类的孝亲本能在丧亲、葬亲中的表现，孟子也有一段很精彩的论述：

墨者夷之，因徐辟而求见孟子。孟子曰：“吾固愿见，今吾尚病；病愈，我且往见。”夷子不来！他日，又求见孟子。孟子曰：“吾今则可以见矣。不直，则道不见，我且直之。吾闻夷子墨者；墨之治丧也，以薄为其道也；夷子思以易天下，岂以为非是而不贵也？然而夷子葬其亲厚，则是以所贱事亲也！”徐子以告夷子。夷子曰：“儒者之道，古之人‘若保赤子’，此言何谓也？之则以为爱无差等，施由亲始。”徐子以告孟子，孟子曰：“夫夷子信以为人之亲其兄之子，为若亲其邻之赤子乎？彼有取尔也。赤子匍匐将入井，非赤子之罪也。且天之生物也，使之一本；而夷子二本故也。盖上世尝有不葬其亲者：其亲死，则举而委之于壑。他日过之，狐狸食之，蝇蚋姑嘬之。其颡有泚，睨而不视。夫泚也，非为人泚，中心达于面目。盖归反而虆梩掩之。掩之诚是也，则孝子仁人之掩其亲，亦必有道矣。”徐子以告夷子。夷子怃然为间，曰：“命之矣！”（《孟子·滕文公上》）

[1]费孝通：《乡土中国》，第11页，北京大学出版社，1998年。

[2]关于本则语录的详细讨论以及儒家对道德根源的理解，参看陈少明：《心安，还是理得？》，《哲学研究》，2007年第10期。

在这段文字中，孟子与墨者夷之围绕葬亲问题展开争论，孟子以上古之世尝有不葬其亲的风俗入手，论证孝子仁人见亲死为禽兽食之而“其颡有泚，……中心达于面目”，其根源在于不忍之心。朱熹注曰：“于是归而掩覆其亲之尸，此葬埋之礼所由起也。此掩其亲者，若所当然，则孝子仁人所以掩其亲者，必有其道，而不以薄为贵矣。”[1]可见，墨者夷之尽管宣称治丧以薄为其道，但仍然厚葬其亲，其本心之明终不可掩，而这也从反面论证了孟子所谓的“不忍之心”正是孝德能够推延扩大的根据所在。[2]总之，在孟子看来，“亲亲”之心是人生来所具有的良知良能，乃天赋所得，非由外铄，从实践的角度讲，这也是人性最宝贵的行善的道德根据。[3]故教民亲睦，也莫善于自孝始。如郭店楚简中便提道：“是故先王之教民也，始于孝弟。”《礼记·祭义》也说：“立爱自亲始，教民睦也。立教自长始，教民顺也。教以慈睦而民贵有亲，教以敬长而民贵用命。孝以事亲，顺以听命，错诸天下，无所不行。”可见，重视孝道之教化作用，这也是儒家念兹在兹的一个面向。

---

[1] 朱熹：《四书章句集注》，第263页，中华书局，2003年。

[2] 在新近发现的郭店楚简中，也有“爱亲故孝”的说法，见《唐虞之道》，引自李零：《郭店楚简校读记》，第95页，北京大学出版社，2002年。

[3] 如孟子曰：“人之所不学而能者，其良能也；所不虑而知者，其良知也。孩提之童无不知爱其亲者，及其长也，无不知敬其兄也。亲亲，仁也；敬长，义也。无他，达之天下也。”见《孟子·尽心上》。《礼记·大传》也说：“是故人道亲亲也。亲亲故尊祖，尊祖故敬宗，敬宗故收族，收族故宗庙严，宗庙严故重社稷，重社稷故爱百姓，爱百姓故刑罚中，刑罚中故庶民安，庶民安故财用足，财用足故百志成，百志成故礼俗刑，礼俗刑然后乐。”这里由宗族及政及民，外推的过程也仍然是“亲亲”，可见，无论是道德的养成，抑或政治的贞善，其始点乃在于“亲亲”。《礼记·祭义》也说：“立爱自亲始，教民睦也。立教自长始，教民顺也。教以慈睦，而民贵有亲。教以敬长，而民贵用命。孝以事亲，顺以听命，错诸天下，无所不行。”

第三节

养生：儒家论“孝”（中）

笼统地说，在先秦儒家观念里，“孝”作为子事父的伦理要求，其基本含义包括“养生”与“送终”两个方面，而这其中涉及的具体内容是十分丰富的。《礼记·祭统》云：“孝子之事亲也，有三道焉：生则养，没则丧，丧毕则祭。养则观其顺也，丧则观其哀也，祭则观其敬而时也，尽此三道者，孝子之行也。”《礼记·祭义》也说：“君子生则敬养，死则敬享，思终身弗辱也。”《大戴礼记·曾子本孝》则曰：“故孝之于亲也，生则有义以辅之，死则哀以莅焉，祭祀则莅之，以敬如此，而成于孝子也。”《孝经·纪孝行》讲得更加完备、周严，其辞云：“孝子之事亲也，居则致其敬，养则致其乐，病则致其忧，丧则致其哀，祭则致其严。五者备矣，然后能事亲。”可见，“生则敬养，死则敬享”，始终是贯彻“孝”道不可或缺的两个面向，对此，儒家有大量的论述。在本节中，我们先看儒家关于“养生”的一些说法，下节再来分析关于“送终”的材料。

在进入正题之前，首先应当指出的一点是：“孝”的论说在先秦儒家的文献中已经相当丰富，其观念形态的各个层面都被细致地讨论，而“孝道”作为对后世有深远影响的伦理规范，其面貌也在这个时候基本成型。所以，我们研究先秦儒家论孝的材料，不仅是出于对历史的兴趣，还意味着勾勒一种观念的理想型（idea type），其塑造实践的力量在经过时代的淘洗之后也终将显现。

第一，孝亲的最基本要求是养亲、事亲，而其前提则是双亲俱在，儒家将父母健在而供养得所，视为人世间的最大乐事。孟子曰：“君子有三乐，而王天下不与存焉。父母俱存，兄弟无故，一乐也；仰不愧于天，俯不怍于人，二乐也；得天下英才而教育之，三乐也。君子有三乐，而王天下不与存焉。”（《孟子·尽心上》）君子三乐，而父母俱在居其首。曾子也说：“君子有三乐……有亲可畏，有君可事，有子可遗，此一乐也。有亲可谏，有君可去，有子可怒，此二乐也。有君可喻，有友可助，此三乐也。”（《韩诗外传·卷九》）可见，奉养双亲以保持亲近的代际关系是儒家很重要的一条原则。不过，这里的问题是，双亲俱在固然可喜，但父子关系是否融洽，子之事亲又是否能够获得满意的回应则是另一回事，如果遇上顽愚不堪的父母，又该怎么办？这确实是一个棘手的问题。在儒家标榜的圣王中，以舜最为称孝，但恰恰是舜，遇到了孝子最难面对的处境。对此，孟子有一段很有趣的记载，《孟子·万章上》载：

万章问曰：“舜往于田，号泣于旻天，何为其号泣也？”孟子曰：“怨慕也。”万章曰：“‘父母爱之，喜而不忘；父母恶之，劳而不怨。’然则舜怨乎？”曰：“长息问于公明高曰：‘舜往于田，则吾既得闻命矣；号泣于旻天，于父母，则吾不知也。’公明高曰：‘是非尔所知也。’夫公明高以孝子之心，为不若是恝，我竭力耕田，共为子职而已矣，父母之不我爱，于我何哉？帝使其子九男二女，百官牛羊仓廪备，以事舜于畎亩之中，天下之士多就之者，帝将胥天下而迁之焉。为不顺于父母，如穷人无所归。天下之士悦之，人之所欲也，而不足以解忧；好色，人之所欲，妻帝之二女，而不足以解忧；富，人之所欲，富有天下，而不足以解忧；贵，人之所欲，贵为天子，而不足以解忧。人悦之、好色、富贵，无足以解忧者，惟顺于父母，可以解忧。人少，则慕父母；知好色，则慕少艾；有妻子，则慕妻子；仕则慕君，不得于君则热中。大孝终身慕父母。五十而慕者，予于大舜见之矣。”

因为不能获得父母的欢心，舜竟然对着老天号泣，尽管天下之士悦之，富有天下，贵为天子，然而舜仍无法释怀，对建立和谐的亲子关系充满着期待。由此可见，无论父母的品德、行为是否有不妥，“大孝终身慕父母”则是子女所应保持不变的态度，而孟子也因此对舜的做法大加称赞。

第二，既然享受亲子间的天伦之乐向来为儒家所称道，那么在人子事亲的进退取舍之间自然有一定的要求。如《礼记·曲礼上》便记载：

夫为人子者，出必告，反必面，所游必有常，所习必有业，恒言不称老。

为人子者，居不主奥，坐不中席，行不中道，立不中门，食飨不为概，祭祀不为尸，听于无声，视于无形，不登高，不临深，不苟訾，不苟笑。

孝子不服闇，不登危，惧辱亲也。父母存，不许友以死，不有私财。

为人子者，父母存，冠衣不纯素，孤子当室，冠衣不纯采。

以上这些要求，都是非常细节性的，但作为人子，正是要在日常生活中遵守这些规定，才算是有成为孝子的可能。此外，人子事亲需要提供尽可能丰裕的物质条件，而事亲的态度也要做到敬、顺有度。孟子还从“养口体”与“养志”的角度加以区分，认为奉养父母要以养志为上，[1]其原文如下：

曾子养曾皙，必有酒肉。将彻，必请所与。问有余，必曰：“有。”曾皙死，曾元养曾子，必有酒肉。将彻，不请所与。问有余，曰：“亡矣。”将以复进也。此所谓养口体者也。若曾子，则可谓养志也。事亲若曾子者，可也。（《孟子·离娄上》）[2]

---

[1]《盐铁论·孝养》也承孟子之意，将养志与养口体做了区分，并以养志为上。其文曰：“善养者不必刍豢也，善供服者不必锦绣也。以己之所有尽事其亲，孝之至也。故匹夫勤劳，犹足以顺礼，歠菽饮水，足以致其敬。孔子曰：‘今之孝者，是为能养，不敬，何以别乎？’故上孝养志，其次养色，其次养体。贵其礼，不贪其养，礼顺心和，养虽不备，可也。《易》曰：‘东邻杀牛，不如西邻之禴祭也。’故富贵而无礼，不如贫贱之孝悌。闺门之内尽孝焉，闺门之外尽悌焉，朋友之道尽信焉，三者，孝之至也。居家理者，非谓积财也，事亲孝者，非谓鲜肴也，亦和颜色、承意尽礼义而已矣。”

[2]关于曾子事父，《孟子·尽心下》还有另外一则有趣的记载：“曾皙嗜羊枣，而曾子不忍食羊枣。公孙丑问曰：‘脍炙与羊枣孰美？’孟子曰：‘脍炙哉！’公孙丑曰：‘然则曾子何为食脍炙而不食羊枣？’曰：‘脍炙所同也，羊枣所独也。讳名不讳姓，姓所同也，名所独也。’”这也从一个侧面反映出在供养父母的时候，应重视其“不忍”的维度，而不只是单纯提供物质保障。

赵岐注曰："将彻请所与，问曾皙所欲与子孙所爱者也。必曰有，恐违亲意也。故曰养志。曾元曰无，欲以复进曾子也。不求亲意，故曰养口体也。"[1]关于事亲要照顾到物质与精神两个方面，曾子也说："孝子之养老也，乐其心，不违其志。乐其耳目，安其寝处，以其饮食忠养之……是故父母之所爱亦爱之，父母之所敬亦敬之。"[2]此外，孟子还提出了不顾父母之养的五不孝之说：

世俗所谓不孝者五：惰其四支，不顾父母之养，一不孝也；博弈好饮酒，不顾父母之养，二不孝也；好货财，私妻子，不顾父母之养，三不孝也；从耳目之欲，以为父母戮，四不孝也；好勇斗很，以危父母，五不孝也。（《孟子·离娄下》）

在这五种不孝的行为中，其中三种涉及"不顾父母之养"，由此也可看出孟子对子女在供养父母方面所应尽的责任是十分看重的。

第三，养亲是孝子要考虑的首要问题，在面对家贫无以养亲的窘迫局面时，孝子甚至可以考虑不择官而仕，这时，"义"的标准与养亲的重要性相较，位置也显得不那么突出了，儒家重视血缘亲情的至高价值，由此也可见一斑。关于这一点，《韩诗外传》有很清晰的说明：

曾子仕于莒，得粟三秉。方是之时，曾子重其禄而轻其身。亲没之后，齐迎以相，楚迎以令尹，晋迎以上卿。方是之时，曾子重其身而轻其禄。怀

[1] 焦循：《孟子正义》，第308页，诸子集成本，第一册，上海书店出版社，1986年。

[2]《礼记·内则》。关于善养其亲的具体做法，《吕氏春秋·孝行览》的记录更加完备，其文云："曾子曰：'养有五道：修宫室、安床笫、节饮食、养体之道也；树五色，施五采，列文章，养目之道也；正六律，和五声，杂八音，养耳之道也；熟五谷，烹六畜，和煎调，养口之道也；和颜色，说言语，敬进退，养志之道也。此五者，代进而厚用之，可谓善养矣。'"尽管这是《吕氏春秋》的记载，但附在曾子名下，从其思想倾向上看，这与儒家的看法很接近，应该是没有问题的。

其宝而迷其国者，不可与语仁。窘其身而约其亲者，不可与语孝。任重道远者，不择地而息。家贫亲老者，不择官而仕。（《韩诗外传·卷一》）

又曰：

曾子曰："往而不可还者亲也。至而不可加者年也。是故孝子欲养，而亲不待也。木欲直，而时不待也。是故椎牛而祭墓，不如鸡豚逮亲存也。故吾尝仕为吏，禄不过钟釜，尚犹欣欣而喜者，非以为多也，乐其逮亲也。既没之后，吾尝南游于楚，得尊官焉，堂高九仞，榱题三围转毂百乘，犹北乡而泣涕者，非为贱也，悲不逮吾亲也。故家贫亲老不择官而仕。若夫信（伸）其志，约其亲者，非孝也。"（《韩诗外传·卷七》）

以上两段文字都点出"家贫亲老不择官而仕"的观点，并说"信（伸）其志，约其亲者，非孝也"。可见，与孝亲相比，"信（伸）其志"的地位也被大大的弱化了。

最后，人子事亲，遇到父母行为有违公共礼法的时候，不是检举揭发，而是要求父子相隐，这是儒家孝道观最为人所诟病的地方，但也从一个侧面反映出儒家关于社会正义思想很独特的一个面相。《论语·子路》记载：

叶公语孔子曰："吾党有直躬者，其父攘羊，而子证之。"孔子曰："吾党之直者异于是。父为子隐，子为父隐，直在其中矣。"[1]

从现代人的角度看，其父攘羊，破坏了公共生活秩序，其子证之，这是大公无私的表现，应该予以肯定，但孔子的看法却与此正好相反，历代

[1] 关于本条语录的详细研究，参看陈壁生：《亲亲相隐：从经典、故事到传统》，中山大学2007年博士学位论文，未刊稿。

注家也从各自的视野出发，给出了相当有趣的辩护。如朱熹注曰：“父子相隐，天理人情之至也。故不求为直，而直在其中。”[1]清儒刘宝楠也说：“公也者，亲亲而仁民，仁民而爱物。有自然之施为，自然之等级，自然之界限。行乎不得不行，止乎不得不止。时而子私父，时而弟私兄。自人视之，若无不行其私者，事事生分别也，人人生分别也。无他，爱之必不能无差等。而仁不能一视也。此之谓公也。非一公无私之谓也。”[2]朱熹从天理人情的角度论说父子相隐直在其中，并未给出更多的理由，刘宝楠则从爱有差等的儒家通义出发，论证“公”也有自然之等级，非一公无私之谓也。两相比较，刘宝楠的说法论证更加严密，如果孔子原意果真如此，那么也未尝不可聊备一说，至少在现代人可接受的程度内也算对父子相隐的理据给出了一个合理的解释。关于父子相隐的问题，孟子继承了孔子的观点，并将之发挥到极致，但孟子给出了一个更加极端的例子。《孟子·尽心上》曰：

桃应问曰：“舜为天子，皋陶为士，瞽瞍杀人，则如之何？”孟子曰：“执之而已矣。”“然则舜不禁与？”曰：“夫舜恶得而禁之？夫有所受之也。”“然则舜如之何？”曰：“舜视弃天下犹弃敝屣也。窃负而逃，遵海滨而处，终身䜣然，乐而忘天下。”

在这段文字中，其父攘羊变成了舜父杀人，但父子相隐的主题并没有改变，结果不是舜父被绳之以法，而是舜窃父而逃，终身䜣然，乐忘天下。在这里，我们不愿对儒家这一独特的父子相隐观作任何褒贬评价；需要指出的一点是，在儒家的视野下，父子天伦的价值无疑被相当程度地崇高化了，甚至整个社会的正义也以此为基础，故父子相隐成为维护社会稳

---

[1] 朱熹：《四书章句集注》，第146页，中华书局，2003年。

[2] 刘宝楠：《论语正义》，第292页，诸子集成本，第一册，上海书店出版社，1986年。

定与人伦秩序的前提，而这在现代社会，是难于被认同的。[1]

以上父子相隐的论述容易让人引起儒家提倡亲子之间包庇恶行的联想，事实上，这一问题相当复杂，不能简单地一概而论。首先，儒家确有父子不相责善的观点。《孟子·离娄上》曰：

公孙丑曰："君子之不教子，何也？"孟子曰："势不行也。教者必以正；以正不行，继之以怒；继之以怒，则反夷矣。'夫子教我以正，夫子未出于正也。'则是父子相夷也。父子相夷，则恶矣。古者易子而教之。父子之间不责善。责善则离，离则不祥莫大焉。"

基于维护天然血亲关系的纽带，父子之间亲情弥笃的价值相当宝贵，而父子责善，则易生罅隙，其结果是责善而离，故君子易子而教，这可以说是儒家很有人生经验的做法，不能视为向父子之间包庇恶行敞开了大门。其次，当父母行为有所失当的时候，也并非一味遵循父子相隐的原则，这里还有一个"谏"的维度。《论语·里仁》曰："事父母几谏，见志不从，又敬不违，劳而不怨。"几谏，微谏之意也。《礼记·内则》也说："父母有过，下气怡色，柔声以谏，谏若不入，起敬起孝。说则复谏，不说，与其得罪于乡党州闾，宁孰谏。父母怒不说，而挞之流血，不敢疾怨，起敬起孝。"这也就是说，对于父母的过失，要态度婉转地提出批评，至于谏议是否被听从，则非人子所必得，而要视父母的接受程度来定。可以看出，儒家的谏亲并非直谏，谏亲的最终目的仍是要维护亲子间的感情，这其中有很多限制性的要求，也体现了谏的柔性特征，试看如下一些说法：

①为人臣之礼，不显谏，三谏而不听，则逃之。子之事亲也，三谏而

---

[1] 关于孝亲与得天下孰者为重孰者为轻的问题，孟子也有一段惊人的议论："天下大悦而将归己，视天下悦而归己，犹草芥也，惟舜为然。不得乎亲，不可以为人；不顺乎亲，不可以为子。舜尽事亲之道而瞽瞍厎豫；瞽瞍厎豫而天下化，瞽瞍厎豫而天下之为父子者定，此之谓大孝。"见《孟子·离娄上》。

不听，则号泣而随之。（《礼记·曲礼下》）

②微谏不倦，听从而不怠，欢欣忠信，咎故不生，可谓孝矣。（《大戴礼记·曾子立孝》）

③父母有过，谏而不逆。（《大戴礼记·曾子大孝》）

④孝子之谏，达善而不敢争辩。争辩者，作乱之所由兴也。（《大戴礼记·曾子事父母》）

⑤亲之过大而不怨，是愈疏也；亲之过小而怨，是不可矶也。愈疏，不孝也；不可矶，亦不孝也。（《孟子·告子下》）

“三谏而不听，则号泣而随之”、“微谏不倦”、“谏而不逆”、“达善而不敢争辩”等等，都涉及谏亲的技巧性规定，而孟子更从“亲之过大”与“亲之过小”两个方面提出人子所应当采取的态度，这都是在指明谏亲一方面要有良好的心态，另一方面，当谏而不从的时候，也仍然要“起敬起孝”，不可心生怨怒之心。这里，我们也许要提出一个尖锐的问题，如果父母的确犯下了很大的错误，而人子屡谏无效的时候，应当怎么办？对此，荀子有一段很好的议论：

入孝出弟，人之小行也。上顺下笃，人之中行也；从道不从君，从义不从父，人之大行也。若夫志以礼安，言以类使，则儒道毕矣。虽尧舜不能加毫末于是矣。孝子所不从命有三：从命则亲危，不从命则亲安，孝子不从命乃衷；从命则亲辱，不从命则亲荣，孝子不从命乃义；从命则禽兽，不从命则修饰，孝子不从命乃敬。故可以从命而不从，是不子也；未可以从而从，是不衷也；明于从不从之义，而能致恭敬，忠信、端悫、以慎行之，则可谓大孝矣。传曰：“从道不从君，从义不从父。”此之谓也。（《荀子·子道》）

荀子“孝子所不从命有三”、“从道不从君，从义不从父”的说法，与孔孟人情味十足的父子相隐之论相比，显得大义凛然。我们由此也可发现儒家在父子相隐与从义不从父之间，赫然存在着一股张力，而这也是孔孟与荀子之间对待这一问题的差异所在。面对人情与公义，究竟如何选择，答案并非一目了然，而不同的儒家思想家在处理亲情人伦价值与社会公正价值孰者更为优先的问题上，其态度的复杂暧昧也值得我们再三玩味。[1]

除了以上论“孝”的维度之外，儒家还非常重视从生命保存与生命延续的角度来谈孝。请看以下一些说法：

①曾子有疾，召门弟子曰：“启予足！启予手！诗云‘战战兢兢，如临深渊，如履薄冰。’而今而后，吾知免夫！小子！”（《论语·泰伯》）

②孟子曰：事孰为大？事亲为大。守孰为大？守身为大。不失其身而能事其亲者，吾闻之矣。失其身而能事其亲者，吾未之闻也。孰不为事？事亲，事之本也。孰不为守？守身，守之本也。（《孟子·离娄上》）

③身者，亲之遗体。行亲之遗体，敢不敬乎？（《大戴礼记·曾子大孝》）

④身体发肤，受之父母，不敢毁伤。（《孝经·开宗明义》）

---

[1]关于顺亲与从义之间的关系，可参看《荀子·子道》与《孝经·谏争》的说法。

鲁哀公问于孔子曰：“子从父命，孝乎？臣从君命，贞乎？”三问，孔子不对。孔子趋出，以语子贡曰：“乡者君问丘也，曰：‘子从父命，孝乎？臣从君命，贞乎？’三问而丘不对，赐以为何如？”子贡曰：“子从父命，孝矣；臣从君命，贞矣。夫子有奚对焉？”孔子曰：“小人哉！赐不识也。昔万乘之国有争臣四人，则封疆不削；千乘之国有争臣三人，则社稷不危；百乘之家有争臣二人，则宗庙不毁。父有争子，不行无礼；士有争友，不为不义。故子从父，奚子孝？臣从君，奚臣贞？审其所以从之之谓孝，之谓贞也。”（《荀子·子道》）

曾子曰：“若夫慈爱恭敬，安亲扬名，则闻命矣。敢问子从父之令，可谓孝乎？”子曰：“是何言与，是何言与！昔者天子有争臣七人，虽无道，不失其天下；诸侯有争臣五人，虽无道，不失其国；大夫有争臣三人，虽无道，不失其家；士有争友，则身不离于令名；父有争子，则身不陷于不义。故当不义，则子不可以不争于父，臣不可以不争于君；故当不义，则争之。从父之令，又焉得为孝乎！”（《孝经·谏争》）

身体，作为父母给予子女的最大恩赐，从延续祖宗血脉的角度讲，是不能轻易毁伤的。故能够保全身体使之无虞，一方面是事养父母尽孝的根本，另一方面，这本身也意味着对父母生养之恩的尊重。关于全身保体为尽孝的责任，《礼记·祭义》记载道：

乐正子春，下堂而伤其足，伤瘳，数月不出，犹有忧色。门弟子问曰："夫子伤足，瘳矣，数月不出，犹有忧色，何也？"乐正子春曰："善！如尔之问也。吾闻之曾子，曾子闻诸夫子曰：'天之所生，地之所养，人为大矣。父母全而生之，子全而归之，可谓孝矣；不亏其体，可谓全矣。故君子顷步之不敢忘也。'今予忘夫孝之道矣，予是以有忧色。故君子一举足不敢忘父母，一出言不敢忘父母。一举足不敢忘父母，故道而不径，舟而不游，不敢以先父母之遗体行殆也。一出言不敢忘父母，是故恶言不出于口，忿言不及于己，然后不辱其身，不忧其亲，则可谓孝矣。"

"父母全而生之，子全而归之，可谓孝矣；不亏其体，可谓全矣。"这正好反映了儒家的生命观与尽孝之间的密切联系。[1]

此外，保全身体还涉及日常生活中对一些行为举止的细节性规定，如：

---

[1]《吕氏春秋·孝行览》也说："能全肢体，以守宗庙，可谓孝矣。"关于保全身体作为尽孝的责任，《韩诗外传》与《孔子家语》中有关曾子传说的记载也很能说明问题。其原文如下：

曾子有过，曾皙引杖击之。仆地，有间乃苏，起曰："先生得无病乎？"鲁人贤曾子，以告夫子。夫子告门人："参来勿内也。"曾子自以为无罪，使人谢夫子，夫子曰："汝不闻昔者舜为人子乎？小箠则待，大杖则逃。索而使之，未尝不在侧；索而杀之，未尝可得。今汝委身以待暴怒，拱立不去，汝非王者之民邪，杀王者之民，其罪何如？"《诗》曰："优哉柔哉，亦是戾矣。"又曰："载色载笑，匪怒伊教。"（《韩诗外传·卷八》）

曾子耘瓜，误斩其根。曾皙怒，建大杖以击其背。曾子仆地而不知人，久之。有顷，乃苏，欣然而起。进于曾皙曰："向也参得罪于大人，大人用力教参，得无疾乎？"退而就房，援琴而歌，欲令曾皙而闻之，知其体康也。（《孔子家语·六本》）

①孝子之事亲也，居易以俟命，不兴险行以徼幸；孝子游之，暴人违之；出门而使不以，或为父母忧也；险涂（途）隘巷，不求先焉，以爱其身，以不敢忘其亲也。（《大戴礼记·曾子本孝》）

②孝子不登高，不履危，痺亦弗凭；不苟笑，不苟訾，隐不命，临不指。故不在尤之中也。（《大戴礼记·曾子本孝》）

③斗者，忘其身者也，忘其亲者也，忘其君者也。行其少顷之怒，而丧终身之躯，然且为之，是忘其身也；家室立残，亲戚不免乎刑戮，然且为之，是忘其亲也；君上之所恶也，刑法之所大禁也，然且为之，是忘其君也。忧忘其身，内忘其亲，上忘其君，是刑法之所不舍也，圣王之所不畜也。（《荀子·荣辱》）

孝子不行险，不登高，不履危，不私斗，所有这些规定都从一个侧面反映出儒家“爱其身，以不敢忘其亲”的全身观念在尽孝方面所应占有的比重。

除了生命保存，生命延续的问题也值得引起相当的重视。孟子曰：“不孝有三，无后为大。舜不告而娶，为无后也。君子以为犹告也。”（《孟子·离娄上》）在中国传统的宗法社会，断子绝孙被认为是对祖先最大的不孝，故当舜遇到娶妻告父母而不得娶的尴尬时，孟子便为舜娶妻不告的做法大加辩护，以为“男女居室，人之大伦也。如告，则废人之大伦，以怼父母，是以不告也”（《孟子·万章上》）[1]。可见，在遇到父母之命有违情理的时候，延续生命的优先性要高于对父母之命的服从。

---

[1]见《孟子·万章上》的记载。万章问曰：“诗云：‘娶妻如之何？必告父母。’信斯言也，宜莫如舜。舜之不告而娶，何也？”孟子曰：“告则不得娶。男女居室，人之大伦也。如告，则废人之大伦，以怼父母，是以不告也。”

第四节

送终：儒家论“孝”（下）

曾子曰：“慎终追远，民德归厚矣。”（《论语·学而》）孟子曰：“养生者不足以当大事，惟送死可以当大事。”（《孟子·离娄下》）朱熹注曰：“事生固当爱敬，然亦人道之常耳，至于送死，则人道之大变。孝子之事亲，舍是无以用其力矣。故尤以为大事，而必诚必信，不使少有后日之悔也。”[1]儒家以亲死为人道之大变，故对于治丧致祭都极为重视。现存《礼记》四十九篇中，关于丧祭仪式与其相关问题的讨论就有《檀弓》、《曾子问》、《丧服小记》、《杂记》、《丧大记》、《祭法》、《祭义》、《祭统》、《奔丧》、《问丧》、《服问》、《三年问》、《间传》、《丧服四制》等篇，几乎占到《礼记》篇幅的三分之一；而据胡适的说法，“儒”原为殷民族的教士，儒作为一种职业，其专长即是治丧相礼[2]。如果他的论断不错，那么儒家作为继承这一传统而兴起的思想学派，其对于丧葬礼仪的精通与强调也就不足为奇了。

概而论之，儒家关于“送终”的论说可分为“丧”与“祭”两个方面。“丧”是指对于刚刚去世的父母致以安葬、守丧等一系列程序性的活动与仪式，这其中有对种种细节的描述与规定，其内容相当之繁复。“祭”则是对于过往已久的父母或祖先表达思慕之情的奠念活动。丧与祭合而观之，构成了儒家慎终追远的完整观念。儒家将丧祭活动作为孝子事亲的重要环节，一方面有着深厚的人性基础，另一方面也将之作为培养仁爱礼义等道德节目的一个起点，这与儒家在“养生”方面所强调的种种做

[1]朱熹：《四书章句集注》，第292页，中华书局，2003年。

[2]胡适：《说儒》，见《胡适学术代表作》（中卷），安徽教育出版社，2007年。

法有着一脉相承的关系。曾子曰："吾闻诸夫子：人未有自致者也，必也亲丧乎！"（《论语·子张》）孟子也说："不亦善乎！亲丧，固所自尽也。"（《孟子·滕文公上》）自尽，人之真情所不能自已之谓也。面对亲丧的境遇，孝亲的感情自然流露，不能自已者，悲痛欲绝之情也。在这一关头，人的亲亲本能得到了最好的体现，儒家重视从最原始、最本真的人类情感入手，来论证和提撕人的道德良知，"亲丧，固所自尽也"，这与孟子讲的孺子将入与井，而援手以救的案例所表现出的道德直觉有着同样的逻辑，都是良知良能的乍现。而培养人的仁爱之心，正是要从这种最根源处的良知良能着手，扩而充之，"若火之始然，泉之始达"（《孟子·公孙丑上》），最终才能成就为一位道德完满的谦谦君子。关于参与丧祭活动有助于仁爱能力的培养，《大戴礼记·盛德》里有一段话说得十分明白：

凡不孝生于不仁爱也，不仁爱生于丧祭之礼不明。丧祭之礼所以教仁爱也，致爱故能致丧祭，春秋祭祀之不绝，致思慕之心也。夫祭祀，致馈养之道也。死且思慕馈养，况于生而存乎？故曰：丧祭之礼明，则民孝矣。故有不孝之狱，则饰丧祭之礼也。

《大戴礼记·礼察》篇也云：

丧祭之礼废，则臣子之恩薄，而倍死忘生之礼众矣。

无论是积极意义上的"丧祭之礼所以教仁爱也，致爱故能致丧祭"，还是消极意义上的"丧祭之礼废，则臣子之恩薄"，都旨在说明丧祭礼仪的重要价值，而儒家论丧祭的文献极多也极复杂，所谓"礼仪三百，威仪三千"，这里面蕴藏的丰富资源有待人们认真去整理与研究。

首先，让我们来看儒家关于"丧"的说法。《荀子·礼论》云：

礼者，谨于治生死者也。生，人之始也，死，人之终也，终始俱善，人道毕矣。故君子敬始而慎终，终始如一，是君子之道，礼义之文也。夫厚其生而薄其死，是敬其有知，而慢其无知也，是奸人之道而倍叛之心也。……丧礼者，以生者饰死者也，大象其生以送其死也。故如死如生，如亡如存，终始一也。……故丧礼者，无它焉，明死生之义送以哀敬，而终周藏也。故葬埋，敬藏其形也；祭祀，敬事其神也；其铭诔系世，敬传其名也。事生，饰始也；送死，饰终也；终始具，而孝子之事毕，圣人之道备矣。

“如死如生，如亡如存，终始一也。”生与死是人生必经的两个阶段，孝子事亲，生当敬养，死当敬送，故曰：“君子敬始而慎终，终始如一，是君子之道，礼义之文也。”其次，丧礼的意义在于“明死生之义送以哀敬，而终周藏也”。再次，之所以重视丧礼，还在于防止有人“厚其生而薄其死”，滋生奸人之道的背叛之心。[1]因此，丧礼作为“孝子之事”的一个重要组成部分，是无论如何也不能苟简从事的。也正因为如此，儒家在治丧环节中对孝子的行为有着种种细节的规定[2]，而这些规定

[1] 重视丧礼对于人心世道的导向教化作用，儒家有着良苦用心，关于这一点，孔子与子贡对于亲者死后有知无知的讨论很能说明儒家的立场。《说苑·辨物》记载，子贡问孔子：“死人有知、无知也？”孔子曰：“吾欲言死者有知也，恐孝子顺孙妨生以送死也。欲言无知，恐不孝子孙弃而不葬也。”在这里，孔子考虑问题的出发点不是死者真的有知、无知这一事实，而是针对有知、无知的判断所可能引出的后果，尽管这则故事的真实性值得怀疑，但其表现出的儒家思考问题的角度则很有代表性。

[2] 儒家根据亲属关系的亲疏远近程度将服丧的规格分为五个不同的等级，这也就是常说的“五服”，这五个等级分别是：斩衰、齐衰、大功、小功、缌麻。相较于不同的服制要求，对于服丧者在丧期间的饮食、行为都有详细的规定，如《礼记·丧大记》便记载：“君之丧，子、大夫、公子、众士皆三日不食。子、大夫、公子食粥，纳财，朝一溢米，莫一溢米。食之无算。士，疏食水饮，食之无算。夫人、世妇、诸妻皆疏食水饮，食之无算。大夫之丧，主人、室老、子姓皆食粥。众士疏食水饮，妻妾疏食水饮。士亦如之。既葬，主人疏食水饮，不食菜果。妇人亦如之。君、大夫、士一也。练而食菜果，祥而食肉。食粥于盛不盥，食于篹者盥。食菜以醯酱。始食肉者，先食干肉。始饮酒者，先饮醴酒。期之丧，三不食，食疏食水饮，不食菜果。三月既葬，食肉饮酒。期，终丧不食肉，不饮酒。父在，为母，为妻。九月之丧，食饮犹期之丧也。食肉饮酒，不与人乐之。五月三月之丧，一不食，再不食，可也。比葬，食肉饮酒，不与人乐之。”不难看出，在这五等之丧中，儒家对于服丧期间的饮食品种有着严格的规定，即便是这一细节问题，也反映出儒家亲亲、尊尊、贵贵的理念。

的背后都蕴含着理念的意义，可以说在整个丧礼活动中，注重形式的要求不仅仅是出于对“礼”的服从，而更重要的则是其内容所反映出来的情感与象征含义的表达。如《礼记·问丧》一篇中对哭丧的形式就有很细腻的论述：

亲始死，鸡斯徒跣，扱上衽，交手哭。恻怛之心，痛疾之意，伤肾干肝焦肺。水浆不入口三日，不举火，故邻里为之糜粥以饮食之。夫悲哀在中，故形变于外也；痛疾在心，故口不甘味，身不安美也。

三日而敛。在床曰尸，在棺曰柩。动尸举柩，哭踊无数。恻怛之心，痛疾之意，悲哀志懑气盛，故袒而踊之，所以动体安心下气也。妇人不宜袒，故发胸，击心，爵踊，殷殷田田，如坏墙然，悲哀痛疾之至也。故曰：辟踊哭泣，哀以送之。送形而往，迎精而反也。

其往送也，望望然，汲汲然，如有追而弗及也。其反哭也，皇皇然，若有求而弗得也。故其往送也如慕，其反也如疑。

求而无所得之也，入门而弗见也，上堂又弗见也，入室又弗见也，亡矣丧矣！不可复见已矣！故哭泣辟踊，尽哀而止矣。心怅焉怆焉，惚焉忾焉，心绝志悲而已矣。祭之宗庙，以鬼飨之，徼幸复反也。

成圹而归，不敢入处室。居于倚庐，哀亲之在外也。寝苫枕块，哀亲之在土也。故哭泣无时，服勤三年。思慕之心，孝子之志也，人情之实也。

从亲死开始的“扱上衽，交手哭”，“水浆不入于口三日”，到三日而敛的“哭踊无数”，再到送葬归来的“反哭也，皇皇然，若有求而弗得也”，以及“哭泣辟踊”，最后到居于倚庐的“哭泣无时”，这整个过程都贯穿着哭的场景；但我们必须注意到，对“哭”这一外在形式的强调正是要表达“恻怛之心，痛疾之意”、“悲哀痛疾之至”、“心怅焉怆焉，惚焉忾焉，心绝志悲”的情感。[1]所以，在治丧过程中，儒家高度重视礼

[1] 值得注意的是，对于不同的服制，哭丧的要求也有不同，如《礼记·间传》便说：“斩衰之哭若往而不反，齐衰之哭若往而反，大功之哭三曲而偯，小功、缌麻哀容可也。此哀之发于声音者也。”

仪程式化的背后，实际上更看重的是对“礼意”的表达是否到位的问题。《礼记·檀弓》云：

子路曰：“吾闻诸夫子：丧礼，与其哀不足而礼有余也，不若礼不足而哀有余也；祭礼，与其敬不足而礼有余也，不若礼不足而敬有余也。”

《论语·八佾》也说：

礼，与其奢也，宁俭；丧，与其易也，宁戚。

可见，在形式的奢华排场与精神的哀伤之至这二者之间，儒家是偏向丧礼所寄托的精神情感，而外在形式的表现尽管并非不重要，但相较而言，则处于较为次要的位置。[1]

其次，在等级身份许可的范围之内，而个人的财力又比较充裕的情况下，儒家主张厚葬，而这被认为是表达孝心的适当手段。如《孟子》中便记载了这样一则故事：

孟子自齐葬于鲁，反于齐，止于嬴。充虞请曰：“前日不知虞之不肖，使虞敦匠事。严，虞不敢请。今愿窃有请也，木若以美然。”曰：“古者棺椁无度，中古棺七寸，椁称之。自天子达于庶人，非直为观美也，然后尽于人心。不得，不可以为悦；无财，不可以为悦。得之为有财，古之人皆用之，吾何为独不然？且比化者无使土亲肤，于人心独无恔乎？吾闻之：君子不以天下俭其亲。”（《孟子·公孙丑下》）

[1] 谈论到面临丧葬活动孝子所应持有的情感问题，儒家提点出一个“哀”字，作为衡量治丧是否尽心的标准。如子游曰：“丧致乎哀而止。”子张曰：“士见危致命，见得思义，祭思敬，丧思哀，其可已矣。”（《论语·子张》）《礼记·少仪》也说：“丧事主哀。”

孟子的母亲去世后，孟子派弟子充虞请匠人赶制棺椁，并吩咐要用上等的棺木，充虞不解孟子的心意，以为棺椁太过奢华了，因此问孟子是否有必要这么做。由此引出孟子的一段议论。孟子说：如果限于等级地位的卑微而不能越制用上等木料做棺椁，则不能称于心；限于财力的困乏而不能用上等木料做棺椁，也不能称于心。棺椁之所以做得漂亮，不是为了美观，而是要尽孝子之心。因此，在地位与钱财都具备的前提下，古人是没有不厚葬其亲的。故曰："君子不以天下俭其亲。"

关于厚葬的问题，荀子也有下面一段议论：

故死之为道也，一而不可得再复也，臣之所以致重其君，子之所以致重其亲，于是尽矣。故事生不忠厚，不敬文，谓之野；送死不忠厚，不敬文，谓之瘠。君子贱野而羞瘠，故天子棺椁七重，诸侯五重，大夫三重，士再重。然后皆有衣衾多少厚薄之数，皆有翣菨文章之等，以敬饰之，使生死终始若一，一足以为人愿，是先王之道，忠臣孝子之极也。天子之丧动四海，属诸侯；诸侯之丧动通国，属大夫；大夫之丧动一国，属修士；修士之丧动一乡，属朋友；庶人之丧合族党，动州里；刑余罪人之丧，不得合族党，独属妻子，棺椁三寸，衣衾三领，不得饰棺，不得昼行，以昏殣，凡缘而往埋之，反无哭泣之节，无衰麻之服，无亲疏月数之等，各反其平，各复其始，已葬埋，若无丧者而止，夫是之谓至辱。（《荀子·礼论》）

可以看出，荀子也主张厚葬，不过，他更强调等级身份与丧葬规格之间的对应关系，而死而无丧者，被认为是"至辱"。可见，丧葬仪式是否隆重热烈，不仅是生者尽孝的手段，对于死者的尊严与荣誉也有着非比寻常的重要意义。

第三，在子女为父母服丧的过程中，最重要的礼制要算是"三年之丧"的规定。如果子女没有按照三年之丧的要求为父母服丧，则被认为是大不孝。孟子说：

不亦善乎！亲丧，固所自致也。曾子曰："生事之以礼，死葬之以礼，祭之以礼，可谓孝矣。"诸侯之礼，吾未之学也。虽然，吾尝闻之矣，三年之丧，齐疏之服，飦粥之食，自天子达于庶人，三代共之。（《孟子·滕文公上》）

《礼记·三年问》也说：

故三年之丧，人道之至文者也，夫是之谓至隆。是百王之所同，古今之所一也，未有知其所由来者也。孔子曰："子生三年，然后免于父母之怀。"夫三年之丧，天下之达丧也。

由以上两段引文可见，三年之丧是"人道之至文"，是"三代共之"、"百王之所同，古今之所一也"，是对"天子达于庶人"的共同要求。不过，可以断定的是，儒家将"三年之丧"的起源推溯到远古，目的是加强这一说法的神圣性与合理性，但事实上，"三年之丧"只是儒家的一种理想，其根据则未必那么久远。[1]

概略地说，三年之丧是儒家对子女为父母、臣为君服丧所提出的要求[2]，而这三年丧期实际上只有二十五个月[3]，期间又有虞祭、卒哭祭、小祥祭、大祥祭、禫祭等一些名目，并伴有各种仪式的举行，其程序相当繁复细致。在这种种丧祭的环节中，孝子既要履行"礼"的形式，又要通达其

[1] 对于"三年之丧"起源的详细考辨，可参看丁鼎：《〈仪礼·丧服〉考论》第二章第二节《"三年之丧"源流综考》，第22～53页，社会科学出版社，2003年。

[2] 事实上，《仪礼·丧服》中规定的三年"斩衰服"有11种情况，不仅子女为父母要服斩衰，父为长子也要服斩衰，为避免太过枝蔓，本文仅通论最常见的情况，毕竟父为子服丧的例子要罕见一些。

[3]《公羊传·闵公二年》便说："三年之丧，实以二十五月。"但到了汉代，经学大师戴德、郑玄等人将三年之丧的丧期定为二十七个月，而后世的丧服制度也基本上都采用二十七月之制。当然，关于丧期到底是二十五月还是二十七月，经学家一直都在争论不休。

中所寄托的精神性含义。可以说在这漫长三年的丧期中，子女的“孝心”得到了最好的考验与证明，而这也是儒家如此重视“三年之丧”的缘由所在。

关于“三年之丧”所蕴含的义理价值，《礼记》中专门有一篇文献《三年问》，对此作出了详细的回答，兹引之如下：

三年之丧，何也？曰：称情而立文，因以饰群，别亲疏贵贱之节，而弗可损益也。故曰：无易之道也。创钜者其日久，痛甚者其愈迟。三年者，称情而立文，所以为至痛极也。斩衰，苴杖，居倚庐，食粥，寝苫，枕块，所以为至痛饰也。三年之丧，二十五月而毕，哀痛未尽，思慕未忘，然而服以是断之者，岂不送死有已，复生有节也哉？

凡生天地之间者，有血气之属必有知，有知之属莫不知爱其类。今是大鸟兽，则失丧其群匹，越月逾时焉，则必反巡过其故乡，翔回焉，鸣号焉，蹢躅焉，踟蹰焉，然后乃能去之。小者至于燕雀，犹有啁噍之顷焉，然后乃能去之。故有血气之属者莫知于人，故人于其亲也，至死不穷。

将由夫患邪淫之人与？则彼朝死而夕忘之，然而从之，则是曾鸟兽之不若也，夫焉能相与群居而不乱乎？

将由夫修饰之君子与？则三年之丧二十五月而毕，若驷之过隙，然而遂之，则是无穷也。

故先王焉，为之立中制节，一使足以成文理，则释之矣。

然则何以至期也？曰：至亲以期断。是何也？曰：天地则已易矣，四时则已变矣，其在天地之中者莫不更始焉，以是象之也。

然则何以三年也？曰：加隆焉尔也。焉使倍之，故再期也。

由九月以下，何也？曰：焉使弗及也，故三年以为隆，缌小功以为杀，期九月以为间。上取象于天，下取法于地，中取则于人。人之所以群居和壹之理尽矣！

这段引文中值得注意的有以下几点：第一，三年之丧设立的目的是“称情而立文”，“别亲疏贵贱”。第二，之所以“三年之丧，二十五月而毕”，是出于“送死有已，复生有节”的考虑。第三，天之生物有血气之属者莫知于人，所以人对于至亲的情感也最为深厚，这种“至死不穷”的感情正是三年之丧成立的人性基础。第四，为了防止邪淫之人朝死夕忘其亲，也为了节制君子服丧无穷以至于毁生灭性，三年之丧是“立中制节”的最佳选择。第五，至于为什么定丧期为三年，其理由是加意隆重对于至亲的怀念。所以，出于上述的考虑，三年之丧是“人道之至文”，而不能轻易变革损益的。[1]“夫孝者，善继人之志，善述人之事者也。”（《礼记·中庸》）在这守丧的三年间，延续父亲生前的政治作为也被看作是孝子所应当采取的做法。子曰：“父在观其志，父没观其行。三年无改于父之道，可谓孝矣。”（《论语·学而》）何晏注曰：“父在，子不自专，故观其志而已。父没，乃观其行。孝子在丧，哀慕犹若父在，无所改于父之道也。”[2]曾子也说：“吾闻诸夫子：孟庄子之孝也，其他可能也；其不改父之臣与父之政，是难能也。”（《论语·子张》）可见，继承父亲的

[1] 从这段话中不难看出，儒家的亲亲原则是三年之丧成立最重要的根据之一。在1993年发现的郭店楚简中，有《六德》一篇，其中提到“为父绝君，不为君绝父”的说法。彭林认为“绝”应为“绝服”之意，故这句话的意思是“当父丧与君丧同时发生时，应服父丧而绝君之丧服，不得服君丧而绝父之丧服”。这体现了儒家父子之恩重于君臣之义的思想。（参看彭林：《再论郭店简〈六德〉“为父绝君”及相关问题》，《中国哲学史》2001年第2期）与此可参照类比的说法，见于《韩诗外传·卷七》所记载的一则故事：

齐宣王谓田过曰：“吾闻儒者丧亲三年，丧君三年，君与父孰重？”田过对曰：“殆不如父重。”宣王忿然曰：“曷为士去亲而事君？”田过对曰：“非君之土地无以处吾亲，非君之禄无以养吾亲，非君之爵无以尊显吾亲。受之于君，致之于亲，凡事君，以为亲也。”宣王悒然无以应之。《诗》曰：“王事靡盬，不遑将父。”

显然，在儒家的理解中，同样是三年之丧，有亲之服要胜过无亲之服，所以父丧重于君丧。将血缘关系看得如此之重，这是先秦儒家很重要的观点，但到了荀子，这种父大于君的思想就开始慢慢变质了。如《荀子·礼论》在谈到君丧何以三年的问题时，就强调君大于父的思想。其原文如下：

君之丧，所以取三年，何也？曰：君者治辨之主也，文理之原也，情貌之尽也，相率而致隆之，不亦可乎？诗曰：“恺悌君子，民之父母。”彼君子者，固有为民父母之说焉。父能生之不能养之，母能食之不能教诲之；君者，已能食之矣，又善教诲之者也。三年毕矣哉！

[2] 何晏：《论语注疏》，引自《十三经注疏》，第2458页，中华书局，2003年。

遗志，在三年之中不改父之臣与父之政，也是子之尽孝的题中应有之义。

总之，从至亲的过世开始，一直到三年之丧的结束，这段时间成为考验子女尽孝的最重要阶段，通过了这一考验，也就意味着孝子之事完成了大半的内容，用荀子的话说："事生，饰始也；送死，饰终也；终始具，而孝子之事毕，圣人之道备矣。"

下面让我们来看儒家关于"祭"的一些论说。[1]

《礼记·祭统》云："祭者，所以追养继孝也。"又云："凡治人之道，莫急于礼；礼有五经，莫重于祭。夫祭者，非物自外至者也，自中出，生于心也。心怵而奉之以礼。是故唯贤者能尽祭之义。"这也就是说，人们怀念亡亲，怵然有动，以礼来奉献供品，而祭祀发念的起点仍然是对亲人的情感，故谓之"非物自外至者也，自中出，生于心也。"荀子也说："祭者，志意思慕之情也。忠信爱敬之至矣，礼节文貌之盛矣，苟非圣人，莫之能知也。圣人明知之，士君子安行之，官人以为守，百姓以成俗；其在君子以为人道也，其在百姓以为鬼事也。"（《荀子·礼论》）尽管对于圣人、士君子、官人、百姓不同的主体而言，祭祀有着不同的意义与价值，但表达"思慕之情"，寄托"忠信爱敬"则是不变的主题。可见，从祭祀的最本质含义上讲，移"情"的因素是居于核心地位的，而在"志意思慕之情"的同时，"敬"的表达又成为十分重要的要求，试看如下一些说法：

①孝子之祭也，尽其悫而悫焉，尽其信而信焉，尽其敬而敬焉，尽其礼而不过失焉。进退必敬，如亲听命，则或使之也。（《礼记·祭义》）

②孝子之祭可知也。其立之也敬以诎，其进之也敬以愉，其荐之也敬以欲。退而立，如将受命。已彻而退，敬齐之色不绝于面。孝子之祭也，立而不诎，固也。进而不愉，疏也。荐而不欲，不爱也。退立而不如

[1] 在古代，祭祀活动的范围原是十分广泛的，祭祀的对象也有天地、山川、社稷、鬼神、祖先之别。但在本文中，"祭"的对象则专指先祖与父母，这是需要首先指明的。

受命，敖也。已彻而退，无敬齐之色，而忘本也。如是而祭，失之矣。（《礼记·祭义》）

③君子反古复始，不忘其所由生也，是以致其敬，发其情，竭力从事以报其亲，不敢弗尽也。（《礼记·祭义》）

在祭祀先人的活动中，孝子要尽量表现出恭敬的样子，要“敬齐之色不绝于面”，站立时，要恭敬地屈身，进前时，要恭敬而愉悦，如果祭祀时“无敬齐之色”，则被认为是忘本，而这样的祭祀，也就失去了它应有的意义。而只有“致其敬，发其情，竭力从事以报其亲”，才能达到君子“反古复始，不忘其所由生”的目的。值得注意的是，由于祭祀的过程充满着孝子坦恻诚挚的感情，故祭祀的同时也正是与亡灵交感互动之实现，如《礼记·祭义》有云：

祭之日，入室，僾然必有见乎其位；周还出户，肃然必有闻乎其容声；出户而听，忾然必有闻乎其叹息之声。是故先王之孝也，色不忘乎目，声不绝乎耳，心志嗜欲不忘乎心。致爱则存，致悫则著。著存不忘乎心，夫安得不敬乎？……孝子将祭，虑事不可以不豫，比时具物不可以不备，虚中以治之。宫室既修，墙屋既设，百物既备，夫妇齐戒，沐浴盛服，奉承而进之。洞洞乎、属属乎如弗胜，如将失之。其孝敬之心至也与！荐其荐俎，序其礼乐，备其百官，奉承而进之。于是谕其志意，以其慌惚以与神明交。庶或飨之，庶或飨之，孝子之志也。

在祭祀的当日，对各种准备事项都预先考虑周详，虚心静意地加以治办。经过修饰宫墙，斋戒沐浴之后，祭祀活动便正式开始，其过程是“荐其荐俎，序其礼乐，备其百官，奉承而进之”。最终达到“谕其志意”的目的。在这整个活动中，祭主的一举一动都关涉到与亡灵的交感，“有见乎其位”、“有闻乎其容声”、“慌惚以与神明交”，这其中不乏神秘的色彩，但正是在这样庄严肃穆的祭祀场景中，在与亡灵的感应交流中，

“祭”的意义也得到了充分的体现。无疑，这样令人印象深刻的祭祀活动也充满了教化的意味，其感人至深的力量在潜移默化中让人变得谦逊和善。故《礼记·祭统》有云：

夫祭之为物大矣，其兴物备矣，顺以备者也，其教之本与？是故君子之教也，外则教之以尊其君长，内则教之以孝于其亲。是故明君在上，则诸臣服从。崇事宗庙社稷，则子孙顺孝。尽其道端其义而教生焉。是故君子之事君也，必身行之。所不安于上，则不以使下；所恶于下，则不以事上。非诸人，行诸己，非教之道也。是故君子之教也，必由其本。顺之至也，祭其是与？故曰：“祭者教之本也已。”夫祭有十伦焉：见事鬼神之道焉，见君臣之义焉，见父子之伦焉，见贵贱之等焉，见亲疏之杀焉，见爵赏之施焉，见夫妇之别焉，见政事之均焉，见长幼之序焉，见上下之际焉。此之谓十伦。

“祭者教之本也已”，这与儒家“民之本教曰孝”的说法如出一辙，都旨在发扬蕴含在亲子关系中的仁爱美德，使之有裨于政教风俗。故曰“祭有十伦”，也就是从祭祀中可以发见的十种道理。儒家向往的治道是“君子之德风，小人之德草”（《论语·颜渊》），教化与政治是合二为一的事情，这与现代政教分离的原则是一重大的分野。

关于孝道之丧祭方面的讨论，《孝经》中有一段总结性的话，引之如下，以作为本节内容的结束：

子曰：孝子之丧亲也，哭不偯，礼无容。言不文服美不安，闻乐不乐，食旨不甘，此哀戚之情也。三日而食，教民无以死伤生，毁不灭性，此圣人之政也。丧不过三年示民有终也。为之棺椁衣衾而举之，陈其簠簋而哀戚之。擗踊哭泣，哀以送之，卜其宅兆，而安厝之。为之宗庙，以鬼享之。春秋祭祀，以时思之。生事爱敬，死事哀戚，生民之本尽矣，死生之义备矣，孝子之事亲终矣。（《孝经·丧亲》）

第五节

不同的声音

——墨、道、法三家的“孝”观

“孝”作为“为仁之本”，是儒家关切的中心德目之一，由孝德所培养出的仁爱精神，将之推广扩充，完成由亲亲——仁民——爱物所组成的差等序列，是儒家论说中很重要的组成部分。这一“爱有差等”的图景是一个逐渐外推的过程。从次第上说，较之仁民、爱物，亲亲是入手之基；从程度上讲，从亲亲、仁民到爱物，感情也呈依次递减的状态，故孟子曰：“君子之于物也，爱之而弗仁；于民也，仁之而弗亲。亲亲而仁民，仁民而爱物。”（《孟子·尽心上》）相较于儒家而言，先秦的其他学派对于孝的态度就有很大的差异。墨家尽管也倡导孝，但仔细分析起来，其与儒家的立场就很不相同。道家则从根本上认为孝弟仁义这些德性为文明堕落的表现。法家的态度则比较复杂，在一定的层次上，法家也肯定孝的作用，但从其立论的基础来讲，法家也是非孝派，不过与道家不同，它不是从“道”的角度来论证“孝”的负面意义，而是从国家治理的角度来否定孝的价值。下面让我们进入具体的分析，还是先从墨家说起。

一、墨家的孝观

首先，墨家并未否定“孝”的社会伦理意义，它只是将孝作为普通的德目之一提出，而“孝”的地位也没有上升到“置之而塞乎天地，溥之而横乎四海”这样令人瞠目的地步；并且，与儒家单方面提倡孝的做法不同，墨家提倡孝慈并举。如：

①君臣不惠忠，父子不慈孝，兄弟不和调，此则天下之害也。（《墨子·兼爱中》）

②为人君必惠，为人臣必忠，为人父必慈，为人子必孝，为人兄必友，为人弟必悌。（《墨子·兼爱下》）

③人君之不惠也，臣者之不忠也，父者之不慈也，子者之不孝也，此又天下之害也。（《墨子·兼爱下》）

④父子弟兄之不慈孝弟长贞良也。（《墨子·明鬼下》）

⑤入则不孝慈于亲戚。（《墨子·非命上》）

孝慈并举，说明墨家并未过分突出孝德的伦理、政治意义，而只是将之安放在子之事父所具有的适当位置。究其原因，这与墨家兼爱的思想密切相关。墨子说：

①当察乱自何起，起自不相爱。臣子之不孝君父，所谓乱也；子自爱不爱父，故亏父而自利。……虽父之不慈子，……此亦天下之所谓乱也；父自爱也不爱子，故亏子而自利。（《墨子·兼爱上》）

②若使天下兼相爱，爱人若其身，犹有不孝者乎？视父兄与君若其身，恶施不孝！犹有不慈者乎？视弟子与臣若其身，恶施不慈！故不孝不慈亡有。（《墨子·兼爱上》）

③君臣相爱则惠忠，父子相爱则慈孝，兄弟相爱则和调。（《墨子·兼爱中》）

④君臣不相爱则不惠忠，父子不相爱则不慈孝，兄弟不相爱则不和调。（《墨子·兼爱中》）

概而言之，墨子以为社会之所以会发生不孝不慈的现象，其根源在于人们不相爱；这也就是说，“孝”、“慈”在墨子看来不过是兼爱这一根本要求之下的子德目，其地位自然不会很高。而儒家之所以高扬“孝”德，与其由亲亲外推所成立的道德话语有很大关系。墨家与儒家的不同，源于它们思想立场上的根本差异，这是兼爱与推爱的区别。墨子的兼爱是一种平等之爱，是天下人的兼相爱，故孟子从儒家的立场出发指责其为“无父”、“禽兽”[1]，抛开价值偏见不论，这一批评还是十分准确的。另外，《墨子·经上》曰：“孝，利亲也。”这完全是从朴素的功利主义出发所得出的结论，与儒家以敬论孝、以心安论孝、以养志论孝等重视精神价值的孝亲观根本不同，这是我们讨论儒墨差异所应该注意到的一个方面。

其次，在丧葬问题上，墨家的态度与儒家也是大相径庭。现存《墨子》一书中有《节葬》一篇便是针对儒家的厚葬观而发出的针锋相对的反驳。该文从厚葬所带来的社会现实问题入手，从墨家一贯的功利立场出发，论证了“厚葬久丧实不可以富贫众寡、定危治乱”的观点。如墨子说：

处丧之法，将奈何哉？曰：哭泣不秩声翁，衰绖垂涕，处倚庐，寝苫，枕块。又相率强不食而为饥，薄衣而为寒。使面目陷陬，颜色黧黑，耳目不聪明，手足不劲强，不可用也。

这是批评儒家处丧时由于哀痛过度而对身体造成的摧残与伤害。又如，墨子曰：

若法若言，行若道，使王公大人行此，则必不能蚤朝晏退，治五官六府，辟草木，实仓廪。使农夫行此，则必不能蚤出夜入，耕稼树艺。使百工行此，则必不能修舟车，为器皿矣。使妇人行此，则必不能夙兴夜寐，纺绩织纴。计厚葬，为多埋赋财者也。计久丧，为久禁从事者也。

---

[1]《孟子·滕文公下》曰：“杨氏为我，是无君也；墨氏兼爱，是无父也。无父无君，是禽兽也。”此外，墨子还说过父母不仁，不可以为法之类的话，《墨子·法仪》说：“奚以为治法而可？当皆法其父母奚若？天下之为父母者众，而仁者寡；若皆法其父母，此法不仁也。法不仁，不可以为法。……然则奚以为法治而后可？故曰：莫若法天。”而这在儒家看来也无疑是异端之论。

这是从社会治理与生产生活的角度批评儒家三年之丧所造成的凋敝景象。又曰：

若法若言，行若道，苟其饥约又若此矣。是故百姓冬不忍寒，夏不忍暑，作疾病死者，不可胜计也。此其为败男女之交多矣。以此求众，譬犹使人负剑而求其寿也，众之说无可得焉。

这是说明久丧致使人们身体虚弱，易生疾病，同时也影响生育繁殖，导致人口的大量减少。另外，墨子还从定危治乱的角度论证了“三年之丧”对于社会的危害，尽管这些说法并非十分准确，但可以看出，儒家所提倡的“三年之丧”在墨子犀利的批评下，其弊端也得到了充分的暴露。不过值得注意的是，墨子节葬的根据，其出发点与落脚点都是以“利”为中心，而儒家则从人情与教化的角度来理解厚葬的意义与价值。两家立场的差异源于其思想关注点的不同，所以墨子对儒家的批评只涉及了其思想的边缘，而并没有深入到儒家义理系统的内部作细致深入的批判。[1]

尽管墨家对“孝”的理解与儒家有很大不同，但其思想的基调还是要肯定“孝”的伦常价值，而道家则是从根本上对“孝”做出了否定。

二、道家的孝观

老子曰：“大道废，有仁义；智慧出，有大伪；六亲不和，有孝慈；国家昏乱，有忠臣。”（《老子·第十八章》）仁义、孝慈这些德目是大道隐去后才出现的，而与之相伴随的现象则是“大伪”、“六亲不和”、

[1]《庄子·天下篇》指出：“今墨子独生不歌，死不服，桐棺三寸而无椁，以为法式。以此教人，恐不爱人；以此自行，固不爱己。……其生也勤，其死也薄，其道大觳。使人忧，使人悲，其行难为也，恐其不可以为圣人之道，反天下之心。天下不堪。墨子虽能独任，奈天下何！离于天下，其去王也远矣。”这正是点出了墨子的教训过于辛劳勤苦，而实不足以为天下法的一面。

"国家昏乱"，所以仁义孝慈并非像儒家宣扬的那样是社会和谐的必要条件，而恰恰相反，它是社会混乱所表现出来的结果。故老子曰：

上德不德是以有德。下德不失德是以无德。上德无为而无以为。下德无为而有以为。上仁为之而无以为。上义为之而有以为。上礼为之而莫之以应，则攘臂而扔之。故失道而后德。失德而后仁。失仁而后义。失义而后礼。夫礼者忠信之薄而乱之首。（《老子·第三十八章》）

道、德、仁、义、礼的变化，经历了一个逐渐衰退的过程。在老子看来，"道"的境界是最高的，是万物自化，无为自然的完美状态，而由它一步步地坠落，才有了仁义礼智这些社会道德的规范，所以"道"的运行是"寂兮寥兮，独立不改，周行而不殆"（《老子·第二十五章》），而"礼"则是"忠信之薄"，是"乱之首"也。庄子也有类似的看法，《庄子·天运》记载了商大宰荡与庄子的对话便清楚地说明了这一点：

商大宰荡问仁于庄子。庄子曰："虎狼，仁也。"曰："何谓也？"庄子曰："父子相亲，何为不仁！"曰："请问至仁。"庄子曰："至仁无亲。"大宰曰："荡闻之，无亲则不爱，不爱则不孝。谓至仁不孝，可乎？"庄子曰："不然，夫至仁尚矣，孝固不足以言之。此非过孝之言也，不及孝之言也。夫南行者至于郢，北面而不见冥山，是何也？则去之远也。故曰：以敬孝易，以爱孝难；以爱孝易，以忘亲难；忘亲易，使亲忘我难；使亲忘我易，兼忘天下难；兼忘天下易，使天下兼忘我难。夫德遗尧舜而不为也，利泽施于万世，天下莫知也，岂直太息而言仁孝乎哉！夫孝悌仁义，忠信贞廉，此皆自勉以役其德者也，不足多也。"

庄子"至仁无亲"的说法令商大宰荡大为惊讶，故"谓至仁不孝，可乎？"引出庄子的一大段议论。庄子以为所谓至仁是对孝的一种超越，以敬爱之心行孝还算是容易的，而要做到亲我两忘则很困难，做到亲我两忘还算是容易的，而做到兼忘天下则十分困难。在这一逐次忘亲、忘我、忘天下的过程中，至仁也就得到了实现，所以“至仁”是一种对于天下世界不偏不倚的淡泊态度，而“孝”并不足以说明它。故庄子最后说：忠信贞廉这些道德要求，都是拘执真情的束缚，并不值得推崇。

此外，在对待死亡的问题上，道家也持自然主义的观点，以齐生死的达观态度来面对死亡[1]，并认为死亡是气化流行的结果，不值得恐惧。如庄子说：“适来，夫子时也。适去，夫子顺也。安时而处顺，哀乐不能入也。”（《庄子·养生主》）又曰：“夫大块载我以形，劳我以生，佚我以老，息我以死。故善吾生者，乃所以善吾死也。”（《庄子·大宗师》）这些都表现出庄子对死亡安之若素的态度。而对于儒家厚葬其亲的做法，庄子也以实际行动表示反对。如《庄子·列御寇》便记载了这样的故事：

庄子将死，弟子欲厚葬之。庄子曰：“吾以天地为棺椁，以日月为连璧，星辰为珠玑，万物为赍送。吾葬具岂不备邪？何以加此？”弟子曰：“吾恐乌鸢之食夫子也。”庄子曰：“在上为乌鸢食，在下为蝼蚁食，夺彼与此，何其偏也！”

与此同时，《庄子·至乐》又记载道：

庄子妻死，惠子吊之，庄子则方箕踞鼓盆而歌。惠子曰：“与人居，

---

[1] 如《庄子·齐物论》曰：“物无非彼，物无非是。自彼则不见，自知则知之。故曰：彼出于是，是亦因彼。彼是方生之说也。虽然，方生方死，方死方生；方可方不可，方不可方可；因是因非，因非因是。是以圣人不由，而照之于天。”《列子·杨朱》也说：“万物所异者生也，所同者死也。生则有贤愚、贵贱，是所异也；死则有臭腐消灭，是所同也。虽然，贤愚、贵贱，非所能也，臭腐、消灭，亦非所能也。故生非所生，死非所死，贤非所贤，愚非所愚，贵非所贵，贱非所贱。然而万物齐生齐死，齐贤齐愚，齐贵齐贱。十年亦死，百年亦死，仁圣亦死，凶愚亦死。生则尧舜，死则腐骨；生则桀纣，死则腐骨。腐骨一矣，熟知其异。”这都反映出道家对一是非、齐生死的态度。

长子老身，死不哭亦足矣，又鼓盆而歌，不亦甚乎！”庄子曰：“不然。是其始死也，我独何能无概然！察其始而本无生，非徒无生也，而本无形，非徒无形也，而本无气。杂乎芒芴之间，变而有气，气变而有形，形变而有生，今又变而之死，是相与为春秋冬夏四时行也。人且偃然寝于巨室，而我噭噭然随而哭之，自以为不通乎命，故止也。”

面对妻子的死亡，庄子鼓盆而歌，并为自己的行为寻找论证的理由，还发出一大通关于生命流转的道理，可谓雄辩之至。而在庄子快要去世的时候，对于弟子打算厚葬他的做法，也同样用超脱的语气表现出一种旷然异于世俗的卓见，其心境之平易实在令人钦佩。同样赞赏薄葬，墨子与庄子的理由却相差甚远。墨子是从社会资源被极大浪费的角度来展开论证，而庄子则根本超越了这种限制，而从天地万物一体的立场来说明薄葬的道理，两家思想品格的不同也是显而易见的。

三、法家关于“孝”的说法

首先，基于维护正常社会秩序的要求，法家在一定程度上肯定孝的价值。如韩非子便说：“臣之所闻曰：臣事君，子事父，妻事夫，三者顺则天下治，三者逆则天下乱。此天下之常道也。”（《韩非子·忠孝》）孝作为子之事父的基本规范，是保证家庭、社会、政治秩序良性运转的必要条件，所以从实用的角度讲，法家不可能完全否定孝的意义。但与儒家不同的是，法家对人性的看法并不是“仁义礼智根于心”的性善论，而孟子所谓“未有仁而遗其亲”，“老吾老以及人之老，幼吾幼以及人之幼”的推恩思想在法家这里也是根本不能成立的。对于人性超越光明的一面，法家始终报以深刻的怀疑，而人性阴暗软弱的一面，则成为法家立论的基础。如《韩非子》一书中经常提道：

①民之故计，皆就安利，如辟危穷。（《韩非子·五蠹》）

②人情皆喜贵恶贱。（《韩非子·难三》）

③夫民之性，恶劳而乐佚。（《韩非子·心度》）

④长行徇上，数百不一人；喜利畏罪，人莫不然。（《韩非子·难二》）

⑤人焉能去安利之道，而就危害之处哉。（《韩非子·奸劫弑臣》）

⑥利之所在，则忘其所恶（《韩非子·内储说上》）

⑦舆人成舆则欲人之富贵，匠人成棺则欲人之夭死也，非舆人仁而匠人贼也，人不贵则舆不售，人不死则棺不买，情非憎人也，利在人之死也。（《韩非子·备内》）

⑧凡治天下，必因人情。人情者有好恶，故赏罚可用。赏罚可用，则禁令可立而治道具矣。（《韩非子·八经》）

将人性趋利避害的本能片面扩大以推至社会、政治、家庭生活的各个领域，从而用赏罚的手段和法律的权威来控制民众的行为，这是法家思想的中心内容。人类自利自为的心理在韩非看来是“不可学、不可事”的“天之就也”，由此出发来建构关于国家治理的理论，这与儒家从“亲亲——仁民——爱物”的角度来谈社会秩序的和谐有着根本的区别。需要指出的是，对于儒家宣扬的亲亲思想，法家自始便持不信任的态度，如《商君书·开塞》曰：“亲亲则别，爱私则险，民众而以别、险为务则民乱。”而对于父子相亲，儒家以为是出于人类天性的本能情感，法家也提出了质疑。韩非子说：“父母之于子也，产男则相贺，产女则杀之。此具出于父母之怀衽，然男子受贺，女子杀之者，虑其后便，计之长利也。故父母之与子也，犹用计算之心以相待也，而况无父子之泽乎？”（《韩非子·六反》）在韩非子看来，尽管父母与子女之间有天然的血缘纽带，但并不能由此推出父子之间笃爱的亲情，更不能推出道德性的慈孝之心；父母“产男则相贺，产女则杀之”的做法，正是计算之心的结果，所以儒家推许的父慈子孝不过是一套虚伪的外衣，说穿了，其背后仍然是赤裸裸的利益权衡。[1]既然父子关系尚且如此，君臣之间则更加不堪。韩非子说："人主之患在于信人。信人，则制于人。人臣之于其君，非有骨肉之亲也，缚于势而不得不事也。故为人臣者，窥觇其君心也无须臾之休，而人主怠傲处其上，此世所以有劫君弑主也。"（《韩非子·备内》）可见，在韩非子眼里，人主与人臣之间根本不是儒家所说的"以义合"，而是"缚于势而不得不事"的相互利用。正因如此，儒家以父子亲情为样板推衍而出的孝治，在韩非那里是根本不足法的。甚至过分推重私德，将会导致形成家重于国的思想与行为，而这与实际的政治需要互不相容。如韩非子说：

①夫以君臣为如父子则必治，推而言之，是无乱父子也。人之情性，莫先于父母，皆见爱而未必治也，虽厚爱矣，奚遽不乱？今先王之爱民，不过父母之爱子，子未必不乱也，则民奚遽始哉！（《韩非子·五蠹》）

②鲁人从君战，三战三北。仲尼问其故，对曰："吾有老父，身死莫之养也。"仲尼以为孝，举而上之。以是观之，夫父之孝子，君之背臣也。……上下之利，若是其异也，而人主兼举匹夫之行，而求致社稷之福，必不几矣。（《韩非子·五蠹》）

鲁人三战三北，孔子因其家有老父，顾念父母之养而称其孝，韩非子则从利国的角度否定这种战场怯懦的行为，并认为"父之孝子，君之背臣"，在家与国的利益发生冲突时，韩非子显然是要求臣民舍家而为国的。严格划分国家政治领域与个人道德领域之间的界限，并强调国家利益的至上性，突出君主的权威地位，这是法家与儒家在政治思想方面的一大分野。对此，萧公权先生曾有过很精辟的总结，引之如下：

[1]关于父子之间的情谊刻薄，《韩非子·难二》曰："孝子爱亲，数百之一也。"《韩非子·外储说左上》曰："人为婴儿也，父母养之简，子长而怨。子盛壮成人，其供养薄，父母怒而诮之。子、父，至亲也，而或谯、或怨者，皆挟相为而不周于为己也。"

儒家盛称传贤伐暴之功，而又恶乱臣贼子之弑夺。盖儒家以民为政治之目的，以道为生活之标准。故责礼于君，责忠于臣，责慈于父，责孝于子，君主无绝对之权利，上下负交互之义务。子虽无叛父之理而臣则有正君之分。臣民之顺从与否，以事君之有道与否为条件。韩子之尊君则与此大异。其势治之说，不问君主之行为如何而责臣民以无条件之服从。于是君主本身遂成为政治上之最后目的，惟一之标准，而势治亦成为君主专制最合逻辑之理论。且儒家混道德政治为一谈，不脱古代思想之色彩。韩非论势，乃划道德于政治领域之外，而建立含有近代意味纯政治之政治哲学。[1]

[1]萧公权：《中国政治思想史》（一），第216页，辽宁教育出版社，1998年。

第二章 『孝』的制度化形态

在上一章中我们主要考察了儒家观念世界中关于『孝』的论说资源，并循着文本的思路将孝的基本内容划分为『养生』与『送终』两个方面，进而对于儒家内涵丰富的『孝』论作了大致的勾勒，最后还引入墨家、道家、法家关于孝的论说，希望在一个更大的视野下比较与审视儒家思想的优势与不足。在本章中，我们将稍稍脱离思想的世界，而将注意力集中于『孝』的实践环节。因为在汉代，随着武帝『罢黜百家，独尊儒术』政策的推行，经过两三百年的时间，儒家的思想观念已渐渐落实于社会，成为塑造人们行为的观念力量；也就是说，儒家思想在汉代已不仅仅是一种学说或理论资源，在一定意义上，它成为与『权力』相结合的意识形态，而具有某种程度的强制性，尽管这可能并不为当时的大众所察觉。儒学角色的这种演变，正是我们的问题意识要切入的地方。因此本章的主要内容就是要考察儒家『孝』的观念进入汉代之后的制度化形态与其在政治生活与社会生活中的表现与作用。

第一节

儒学在汉代的全面制度化

如果说儒学在先秦时期还主要作为思想形态而存在，其论说系统也仅仅为诸子百家之一，并未成为社会主流的文化基调，那么，从汉代开始，由于统治者的大力提倡，儒学的地位则发生了根本的变化。据《史记·儒林列传》：

汉兴，然后诸儒始得修其经艺，讲习大射乡饮之礼。叔孙通作汉礼仪，因为太常，诸生弟子共定者，咸为选首，于是喟然叹兴于学。然尚有干戈，平定四海，亦未暇遑庠序之事也。孝惠、吕后时，公卿皆武力有功之臣。孝文时颇征用，然孝文帝本好刑名之言。及至孝景，不任儒者，而窦太后又好黄老之术，故诸博士具官待问，未有进者。

这是司马迁对汉初儒学基本状况的描述，从汉高祖刘邦到汉景帝刘启（前206年~前140年）的开国建设中，儒学尽管取得了一定的发展空间，但最高统治者多不好儒术，因此，就国家制度建构与理论选择的层面而言，儒学尚处在边缘化的地位。这一状况到了汉武帝时期，发生了根本的改变。据《汉书·武帝纪》载：

建元元年（前140年）冬十月，诏丞相、御史、列侯、中二千石、二千石、诸侯相举贤良方正直言极谏之士。丞相绾奏："所举贤良，或治申、商、韩非、苏秦、张仪之言，乱国政，请皆罢。"奏可。

这就是历史上著名的"罢黜百家，独尊儒术"。当时，郎中令王臧、御史大夫赵绾鼓动武帝立明堂、封禅等事，甚至还建议今后政事“可不必事事请命东宫”而触怒窦太后，于是建元二年（前139年），武帝不得不罢逐王臧、赵绾，儒学的复兴也因此遭受巨大挫折，直到建元六年（前134年），窦太后去世，儒家势力才再度崛起。正是在这样的大背景之下，董仲舒在贤良对策中“诸不在六艺之科孔子之术者，皆绝其道，勿使并进”的建议才会被采纳。[1]汉王朝的最高统治者决定以儒学为国家的指导思想，这一文化选择的历史意义十分深远。此后，儒学成为支配中国传统社会的主流意识形态，绵延两千多年，而儒家的制度化也在这一历史过程中逐渐发生、发展、完成以至终结，直到20世纪，儒家的制度化存在才开始全面崩解。可以说，这一制度化形态的儒家与中国传统社会一直是水乳交融，一损俱损，一荣俱荣；当晚清以来传统社会面临近代化转型的时候，儒学几度浮沉，最终随着时代的变迁，退出了历史舞台，终于完成其历史使命。对此，余英时先生概括道：“上自朝廷的礼仪、典章、国家的组织与法律、社会礼俗，下至族规、家法、个人的行为规范……凡此自上而下的一切建制之中则都贯注了儒家的原则。这一儒家建制的整体，自辛亥革命以来便迅速地崩溃了。建制既已一去不返，儒学遂尽失其具体的托身之所，变成了‘游魂’。所以儒学在可见的将来似不可能恢复它以往那种主宰的地位。”[2]建制化的儒家或者制度化的儒家已随传统社会的终结而失去其往日的风采，这已成为客观事实。事到如今，我们回顾这一段历史，正是要考察传统社会与儒家之间纠结不清的复杂态势，是为了更好地了解儒学，也为了更好地了解传统社会。

不夸张地说，如果我们追溯儒家制度化的起点，汉代无疑是一个十分关键的历史时期，经过两汉四百多年的融合，儒家的观念已落实到社会、政治生活的方方面面，而儒教中国的基本模式也在汉代初见雏形，并为后来的朝代所继承，成为中国近代化之前区别于世界其他文明的一种稳定的

[1]《汉书·董仲舒传》对策原文为：今师异道，人异论，百家殊方，指意不同，是以上亡以持一统；法制数变，下不知所守。臣愚以为诸不在六艺之科孔子之术者，皆绝其道，勿使并进。

[2]余英时：《现代儒学论》，第31页，上海人民出版社，1998年。

国家形态。考察汉代儒学与社会之间的互动关系，对于我们深入了解中国文化的存在格局，有着非常重要的意义。

在本节中，我们将着力考察儒学制度化的几个方面，而“孝”作为儒家的核心价值观念之一的制度化形态也正是在儒学全面制度化的背景下才得以成立。不过，需要指出的一点是，儒学在汉代的发展有着十分复杂的状况，不仅有官学与私学的区别，也有今文经学与古文经学之争；更重要的是，汉代的儒学由于糅合了阴阳五行的学说，呈现出与先秦原始儒家十分不同的面貌，故而我们所指称的儒学，只能是一个具有相当弹性的概念。

一、儒家与传统社会的亲缘性

在笔者看来，儒学之所以被汉代统治者选择作为国家的意识形态，它的学说性质与传统农业社会的亲缘性关系是一个不容忽视的原因。

首先，儒家认为社会秩序的合理起点是“家”而不是“个人”，家庭的隐喻贯穿社会关系的方方面面。[1]对此，季乃礼先生提出：“儒家认为人伦关系源于家庭，由家庭延及家族，最终扩展到社会中君臣诸关系，由此构成了整个社会的政治、伦理关系。其中，家庭、家族的稳定为君臣等级秩序提供了基础。”[2]张东荪先生也指出：

中国的社会组织是一个大家庭而套着多层的无数小家庭。可以说是一个“家庭的层系”（A Hierarchical System of Families）。所谓君就是一国之父，臣就是国君之子。在这样层系组织的社会中，没有“个人”观念。所有的人，不是父，即是子。不是君，就是臣。不是夫，就是妇。不是兄，

[1]费正清说：“社会单元是家庭而不是个人，家庭才是当地政治生活负责的成分，在家庭生活中灌输的孝道和顺从，是培养一个人以后忠于统治者并顺从国家现政权的训练基地。”见氏著：《美国与中国》，第17页，商务印书馆，1987年。

[2]季乃礼：《三纲六纪与社会整合》，第4页，中国人民大学出版社，2004年。

就是弟。中国的五伦就是中国的社会组织；离了五伦别无组织，把个人编入这样层系组织中，使其居于一定之地位，而课以那个地位所应尽的责任。如为父则有父职，为子则有子职。为臣则应尽臣职，为君亦然。（中略）在一个家庭中，不仅男女有别是出于生理，即长幼之分亦成于天然。用这种天然的区别来反映在社会的组织上，则社会便变由各种不同的人们配合而成的了。[1]

由家庭的组织模式扩展而成的社会结构，处处显示着家庭关系的温情与和谐，农业社会中的生产单位以家庭为主体，故而家庭生活所具有的亲缘性格与长幼之序自然而然地成为人们处理社会关系的秩序原则。梁漱溟先生曾以“伦理关系”来概括中国这种颇具特色的人际关系，所谓“伦理关系，即是情谊关系，亦即是其相互间的一种义务关系。伦理之‘理’，盖即于此情与义上见之。更为表示彼此亲切，加重其情与义，则于师恒曰：‘师父’，而有‘徒子徒孙’之说；于官恒曰：‘父母官’，而有‘子民’之说；于乡邻朋友，则互以叔伯兄弟相呼。举整个社会各种关系而一概家庭化之，务使其情益亲，其义益重”[2]。冯友兰先生也指出：传统的五种社会关系有君臣、父子、兄弟、夫妇、朋友。其中有三种是家族关系。其余两种，虽然不是家族关系，也可以按照家族关系来理解。君臣关系可以按照父子关系来理解，朋友关系可以按照兄弟关系来理解。在通常人们也真的是这样来理解的。[3]这种社会关系的家庭化和家庭伦理的社会化，反映了儒家关于建立社会秩序的基本看法，而中国传统社会也正是以这样的原则被组织起来的。对于统治者而言，他们也有意将处理家庭、

[1]张东荪：《理性与民主》，转引自梁漱溟：《中国文化要义》，第81页，上海世纪出版集团，2005年。

[2]梁漱溟：《中国文化要义》，第72～73页，上海世纪出版集团，2005年。

[3]参看冯友兰：《中国哲学简史》，第19页，北京大学出版社，1996年。

家族关系的道德原则扩大化为个人对国家所应尽的义务，[1]所谓“忠臣以事其君，孝子以事其亲，其本一也。上则顺于鬼神，外则顺于君长，内则以孝于亲，如此之谓备”（《礼记·祭统》）。故有学者指出：儒家系统化的社会、历史、政治观点都是围绕祖先崇拜展开的，宗族关系被奉为道德行为的文化基础。忠孝等宗法观念又被外化到国家层面。因此，宗族秩序的道德影响作为地方社会的建设性基石，被国家认为是有益的。这种家国一体的社会组织模式，在道德要求上必然不能将私德与公德划分得十分清楚，所以在传统社会是无所谓严格的公私领域之间的区分，这从《礼记·礼运》一段话就看得很明白：

故圣人耐以天下为一家，以中国为一人者，非意之也，必知其情，辟于其义，明于其利，达于其患，然后能为之。何谓人情？喜怒哀惧爱恶欲，七者，弗学而能。何谓人义？父慈，子孝，兄良，弟弟，夫义，妇听，长惠，幼顺，君仁，臣忠，十者，谓之人义。讲信修睦，谓之人利。争夺相杀，谓之人患。故圣人所以治人七情，修十义，讲信修睦，尚辞让，去争夺，舍礼何以治之？

所谓“十义”，既包括个人家庭内部之间的道德原则，也包括个人对国家所应负有的责任，而这些本属于不同领域的道德要求被排列在一个整齐的序列中，其中的界限是相当模糊的。此外，圣人治天下，“以天下为一家，以中国为一人”，“讲信修睦，尚辞让，去争夺”，都是以礼导民，重视“礼”的教化作用，将家庭关系的和谐作为社会稳定最重要的因素，并以“父慈，子孝，兄良，弟弟，夫义，妇听，长惠，幼顺，君仁，臣忠”这些身份性的道德要求来规范社会个体的道德行为，这些都表现了儒家观念的核心内容，它适合于传统农业社会的治理要求，特别是对于传

---

[1]［美］艾尔曼：《经学、政治和宗族——中国帝国晚期常州今文学派研究》，第18页，江苏人民出版社，1998年。

统的小农家庭更是如此。在农业社会中，家庭既是人们生活的重心，也是构成生产活动的最基本单位，一家一户都是自给自足的天然经济实体；[1]相较于现代社会，其与外界的联系则不太紧密，处理好家庭间的关系也就处理好了基本的人际关系，家庭在传统社会中的这种特殊地位，对于形成以家为本位的社会制度有着决定性的作用。冯友兰先生就指出："有以家为本位的生产方法，即有以家为本位的生产制度。有以家为本位的生产制度，即有以家为本位的社会制度。在以家为本位的社会制度中，所有一切的社会组织均以家为中心。所有一切人与人的关系，都须套在家的关系中。"[2]儒家以家为轴心而建立社会秩序的观点正好与中国传统农业文明以家为本位的生产生活要求相适应，这是自汉代以来儒家能够成为官方与民间共同认可的主流文化的一个重要原因。

二、儒家的制度化问题

按照干春松先生的说法，"制度化儒家包含有'儒家的制度化'和'制度的儒家化'两个层面，所谓'儒家的制度化'，是通过孔子的圣人化、儒家文献的经学化和科举制度等一系列制度设计来保证儒家的独尊地位及其与权力之间的联系；而'制度的儒家化'则是儒家观念在社会控制体系和制度设计中的渗透和呈现，具体地说就是体现着儒家观念的国家意识形态、宗教制度、政治社会结构等现实的制度的建立"。[3]概而言之，

---

[1]据瞿同祖先生的研究，汉代的一般家庭规模，并不很大，普通家庭只有四五口人，社会的基本构成是典型的小农之家。如他说："尽管有一些家庭是父母与已婚儿子一同居住的，但核心家庭仍然是秦汉时期的一般模式。家庭的平均规模都很小，只有一对夫妇和他们的未婚子女。儿子在结婚以后，通常都带一份家产迁出来，自立门户。普通家庭都只有四到五口人。因此在先秦两汉的时候，人们会经常说起'一夫挟五口，治田百亩'的农民家庭。"见瞿同祖：《汉代社会结构》，第14～15页，上海世纪出版集团，2007年。

[2]梁漱溟：《中国文化要义》，第28页，上海世纪出版集团，2005年。

[3]干春松：《制度化儒家及其解体》，第2页，中国人民大学出版社，2003年。

儒家制度化的基本形态包括：儒家文本的经学化，孔子的圣化和祭孔仪式的国家化，选官制度的儒家化和儒学传播的制度化，政治法律制度的儒家化。[1]下面，让我们逐个考察儒家制度化的基本形态。

在春秋战国时期，“诗、书、礼、乐”已经成为贵族教育的基本读物，《左传·僖公二十七年》载，赵衰向晋文公推荐郤縠为“元帅”人选，其主要理由就是其人“悦礼、乐而敦诗、书”，并有“诗、书，义之府也；礼、乐，德之则也”的说法，可见，“诗、书、礼、乐”在当时已经受到普遍的推崇，而《荀子》一书中，更将《春秋》与诗、书、礼、乐并举，在经学的形式上有了进一步的发展。[2]到了战国晚期，六经并称的局面开始形成，这便是《礼记·经解》中那段著名的话：

孔子曰：“人其国，其教可知也。其为人也，温柔厚敦，《诗》教也；疏通知远，《书》教也；广博易良，《乐》教也；絜静精微，《易》教也；恭俭庄敬，《礼》教也；属辞比事，《春秋》教也。故《诗》之失愚，《书》之失诬，《乐》之失奢，《易》之失贼，《礼》之失烦，《春秋》之失乱。其人也，温柔厚敦而不愚，则深于《诗》者也；疏通知远而不诬，则深于《书》者也；广博易良而不奢，则深于《乐》者也；絜静精微而不贼，则深于《易》者也；恭俭庄敬而不烦，则深于《礼》者也；属辞比事而不乱，则深于《春秋》者也。”[3]

---

[1]干春松：《制度化儒家及其解体》，第17～26页，中国人民大学出版社，2003年。

[2]如《荀子·劝学》曰：“故《书》者政事之纪也，《诗》者中声之所止也，礼者法之大分、类之纲纪也，……礼之敬文也，乐之中和也，《诗》、《书》之博也，《春秋》之微也，在天地之间者备也。”《荀子·儒效》曰：“《诗》言是其志也，《书》言是其事也，《礼》言是其行也，《乐》言是其和也，《春秋》言是其微也。”

[3]《淮南子·泰族》中也有类似的说法，可能是斟酌《礼记·经解》的文字而成，其原文为：“温惠柔良者，《诗》之风也；淳庞敦厚者，《书》之教也；清明条达者，《易》之义也；恭俭尊让者，《礼》之为也；宽裕简易者，《乐》之化也；刺几辨义者，《春秋》之靡也。《易》之失鬼，《乐》之失淫，《诗》之失愚，《书》之失拘，《礼》之失忮，《春秋》之失訾。”见刘文典：《淮南鸿烈集解》，第674页，中华书局，1989年。

从六经的成型过程来看，它是经过一个长期的发展而为社会所接受的。对此，陈来先生指出："经典的神圣权威性不是先验决定的，而是在共同体的文化生活实践中历史地实现的，是在人与人、人与历史的关系中建立起来的。一个经典之成为经典，在于群体之人皆视其为神圣的、有权威的、有意义的，在这个意义上，经典的性质并非取决于文本本身，而取决于它在一个共同体中实际被使用、被对待的角色和作用。"[1]故汉武帝建元五年（前135年）立五经博士[2]，并非空穴来风，因为从战国到汉代，五经早已取得了公认的圣典（sacred books）身份，这远非其他书籍所能相提并论。不过，我们仍能从五经立为官学这一事件而发见其深远的历史意义：从儒家制度化的角度来看，儒家经典文本取得官方的认可，这意味着儒家政教理念正统化与权威化的实现由此有了更加有力的保障，而五经的官学地位也极大地帮助了儒家经典的传播与推广，这与过去儒学处于私学的地位便有了天壤之别，从此，儒学得力于官方的提倡，便俨然建立起一道与百家之学泾渭分明的屏障，而成为学术的正统了。总之，儒家文本的经学化，是儒家制度化的一个重要环节，而五经博士这一制度性的设计，标志着儒学传授系统有了官方的支持，这为后来儒学占据社会的支配性地位提供了相当宝贵的制度资源与组织保障。

关于孔子圣化的问题，经历了非常复杂的演变，本文不可能涉及细节的讨论，仅在大方向上提出几点概括性的意见，以说明这一历史性的变迁过程。从现存史料来看，早在先秦时期，孔子已被其门徒视为圣人[3]，子贡说："夫子之不可及也，犹天之不可阶而升也。"又说："他人之贤者也，丘陵也，犹可逾也；仲尼，日月也，无得而逾焉。"（《论语·子

[1] 陈来：《古代思想文化的世界——春秋时代的宗教、伦理与社会思想》，第171页，三联书店，2002年。

[2] 由于乐经佚失已久，故六经与五经只是说法不同而已，并不牵涉实质性的区别。

[3] 其实，孔子同时代人对孔子已有很高的评价，如《左传·昭公十七年》载孟僖子的话："吾闻将有达者，曰孔丘，圣人之后也。"

张》）这里虽没有用到“圣人”一词，但意思已十分显豁，从中可见孔子的地位被相当崇高化了。到了孟子那里，孔子的形象又被进一步提升，如孟子曰：“孔子，圣之时者也。孔子之谓集大成。集大成也者，金声而玉振之也。金声也者，始条理也；玉振之也者，终条理也。始条理者，智之事也；终条理者，圣之事也。”（《孟子·万章下》）又曰：“由尧、舜至于汤，五百有余岁……由汤至于文王，五百有余岁……由文王至于孔子，五百有余岁。”（《孟子·尽心下》）孟子不但明确视孔子为圣人，还将孔子与尧、舜、汤、文王等圣人并举，已可见儒家道统说的雏形。在孟子眼里，孔子俨然被认为是古代圣王的继承者，不过有德无位而已。这一看法，到汉代被发展为孔子“素王”说，孔子的地位也逐渐由圣化走向了神化。如董仲舒便提道：“孔子作《春秋》，先正王而系万事，见素王之文焉。”（《汉书·董仲舒传》）刘向也说：“（孔子）退作《春秋》，明素王之道。”（《说苑·贵德》）而其他一些儒者也有相应的说法。[1]总之，孔子为“素王”已是汉儒通行的看法，这时的孔子以作《春秋》，为汉制法而称于世，其身份已具有相当的神圣性与神秘色彩。[2]而到了汉世哀、平以下，谶纬风行，孔子的形象被更加神化，甚至有点怪诞不经了。[3]如孔子的诞生被描述为“感生”，“孔子母徵在，梦黑帝而生，故曰‘玄圣’”[4]。孔子的形象也变得十分怪异，“长十尺，大九围，坐如蹲龙，立如牵牛；就之如昂，望之如斗”[5]。总而言之，谶纬中

---

[1] 如贾逵在《左氏传解诂》中说：“孔子览《史记》，就是非之说，立素王之法。”应劭《风俗通义·穷通》中说：“（孔子）自卫反鲁，删《诗》、《书》，定礼乐，制《春秋》之义，著素王之法。”

[2] 如董仲舒便说：“（孔子）西狩获麟，受命之符是也。然后托乎《春秋》正不正之间，而明改制之义。一统乎天子，而加忧于天下之忧也，务除天下所患，而欲以上通五帝，下极三王，以通百王之道。”见《春秋繁露·符瑞第十六》。

[3] 关于谶纬中的孔子形象，可详见曾德雄：《谶纬的思想与时代》第三章“谶纬中的孔子”的相关讨论，香港国际学术文化资讯出版公司，2006年。

[4] 安居香山、中村璋八编：《纬书集成》之《春秋演孔图》，第5页，汉魏文化研究所，1964年。

[5] 同上。

的孔子形象经历了一个不断神化的过程，对此，有学者指出："谶纬与孔子形象之蜕化是相辅相成的。一方面，谶纬的造作者借孔子之名，取得发言的正当性，从中表达既定的政治讯息。反之，孔子之形象，不断于谶纬之中获得现时的意涵，以致能与时俱进，历久弥新。"[1]从上述简略的描述中不难发现，孔子形象在历史中的不断变化，首先得力于历代儒者的宣扬，但另一方面不能不引起我们注意的是，这也与历朝统治者的追封与祭典密切相关。从儒家制度化的层面看，官方认可孔子的圣人地位，也许具有更强的重要性；这标志着儒家进入权力世界的一个重要维度，也为我们考察道统与治统之间的动态关系提供了一个十分有益的参照。从汉代开始，对孔庙的祭祀已逐渐由儒家弟子的自发行为转变为朝廷的官方行为，而孔子后裔也开始获得官方身份，国家化的祭孔仪式从此成为一个延续千年的信仰传统而流传下来。[2]

下面，我们简要考察儒学对于选官制度的影响以及汉代政治法律制度儒家化的情况。由于这两点都牵涉甚广，而且本章后面以及下一章对此将有详细阐述，故这里先做概略性的说明。

"学而优则仕"，儒家向来重视将学有所成的优秀人才吸纳到政府里做官。而对于选官的程序与步骤，儒家也有系统的论述，如《礼记·王制》曰：

命乡论秀士，升之司徒，曰选士。司徒论选士之秀者而升之学，曰俊士。升于司徒者不征于乡，升于学者不征于司徒，曰造士。乐正崇四术，立四教，顺先王诗、书、礼、乐以造士，春秋教以礼乐，冬夏教以诗书。王太子、王子、群后之太子，卿、大夫、元士之适子，国之俊选，皆造焉。……大乐正论造士之秀者以告于王，而升诸司马，曰进士。司马辩

[1] 黄进兴：《圣贤与圣徒》，第25页，北京大学出版社，2005年。

[2] 关于孔庙祭祀仪式国家化的历史考察，详见黄进兴：《权力与信仰：孔庙祭祀制度的形成》，《圣贤与圣徒》，第1～46页，北京大学出版社，2005年。

论官材，论进士之贤者以告于王，而定其论。论定然后官之，任官然后爵之，位定然后禄之。

这里所表达的选官过程固然是儒家对于理想状态的描述，不大可能存在于真实的历史之中，但从中可发见儒家特别关心官吏的选拔与升等问题，这应当是没有疑义的。尽管儒家的这一具体选官理想没有付诸实践的机会，但汉武帝以后，由于儒家所取得的特殊地位，儒家思想对于选官制度的影响仍然是十分明显的。据《汉书·董仲舒传》记载："自武帝初立，魏其、武安侯为相而隆儒矣。及仲舒对策，推明孔氏，抑黜百家，立学校之官，州郡举茂才、孝廉，皆自仲舒发之。"董仲舒尊儒的设想最终落实为对州郡察举对象儒学素养的倚重，这也可以看做是儒家思想影响选官制度的一个具体而微的例子。

汉代的选官有多种途径，以察举与征辟为最主要的渠道。察举是汉代选官制度的主体，其中有常科与特科之分。一般说来，常科最主要的形式有孝廉、茂才，特科则有明经、贤良方正、贤良文学等名目。无论察举各科，都与经学有或深或浅的关联，儒家思想对于选官制度的渗透与影响可以说是相当深入与全面的。[1]而从官吏中儒者的比例看，"元、成以后儒生在地方长吏中已占绝对优势。据有人统计，元、成后有传之30余位郡县长官中儒生占80%以上"[2]。儒者进入政府系统成为各级官吏的主体，这对于儒学的传播与推广无疑具有十分重要的意义，限于篇幅，这里就不详细讨论了。[3]

此外，关于汉代政治法律制度儒家化的情况，其表现也是多方面的，

[1] 关于汉代察举制度的详细研究，可参看黄留珠：《秦汉仕进制度》，西北大学出版社，1985年。而儒家思想对于汉代选举制度的影响，参看刘厚琴：《儒学与汉代社会》，第27～57页，齐鲁书社，2002年。

[2] 刘厚琴：《儒学与汉代社会》，第39页，齐鲁书社，2002年。

[3] 关于汉代儒者官吏推行儒家教化的例子，可参看余英时：《汉代循吏与文化传播》，《士与中国文化》，上海人民出版社，2003年。

对此，瞿同祖先生概括道：“除了法典的内容已为礼所掺入，已为儒家的伦理思想所支配外，审判决狱受儒家思想的影响，也是可注意的事实。儒者为官既有司法的责任，于是他常于法律条文之外，更取决于儒家的思想。中国法律原无律无正文不为罪的规定，取自由裁定主义，伸缩性极大。这样，儒家思想在法律上一跃而为最高原则，与法理无异。”[1]这在汉代表现最为明显的就是以经义断狱，我们将在第三章详细考察其中的一些问题，这里先不赘述了。

[1] 瞿同祖：《瞿同祖法学论著集》，第365页，中国政法大学出版社，2004年。

第二节

“孝治天下”的措施及其意义

在上一节，我们考察了汉代儒家制度化几个方面的问题，总的说来，儒学的发展与传播在汉代由于有了国家的支撑而取得了相当稳固的保障，在这一儒家制度化的过程中，相当自然的情况是，儒家的思想理念也逐渐深入人心，成为朝廷与民间共同尊奉的价值原则。在本节中，我们要讨论的是儒家关于孝的思想在汉代形成制度的若干方面，从宏观的背景看，孝的观念落实为具体的制度设计标志着儒家思想进入一个新的发展阶段，此时的儒家思想已不仅仅是一套坐而论道的学说理论，而成为“起而行之”的具体实践，这对于塑造人们的行为方式来说当然是更加大的力量。

汉代统治者之所以提出“以孝治天下”的原则，一方面是吸取秦朝败亡的教训，另一方面是基于对巩固统治秩序的需要。关于秦代以法家思想治国而导致的人心败坏，贾谊说：“商君遗礼义，弃仁恩，并心于进取。行之二岁，秦俗日败。故秦人家富子壮则出分，家贫子壮则出赘。借父耰鉏，虑有德色；母取箕帚，立而谇语。抱哺其子，与公并倨；妇姑不相说，则反唇而相稽。其慈子耆利，不同禽兽者亡几耳。”（《汉书·贾谊传》）尽管我们不能证实这里所说的情况具有多大程度的普遍性，但可以肯定的是，贾谊对“秦俗日败”的观察应该不是无的放矢。父子关系的恶化不仅仅意味着家庭伦理的颓丧，也对社会风俗造成了十分负面的影响，这对安定社会既有秩序提出了相当大的挑战，故而汉代统治者出于维护自身利益的需要，在全社会普遍提倡孝道，并提出“以孝治天下”的原则作为治国理政的方略——从淳化社会风俗，以有裨于国家统治的角度说，具有相当的针对性与有效性。[1]下面，我们就来具体分析一下“以孝治天下”的具体举措及其施行的意义。

首先，两汉皇帝除汉高祖刘邦和光武帝刘秀外，其余各帝谥号中均带有“孝”字，其意为“汉之传谥常为孝者，以长有天下，令宗庙血食也”（《汉书·霍光传》）。颜师古也说：“孝子善述父之志，故汉家之谥，自惠帝已下皆称孝也。”（《汉书·惠帝纪》颜师古注）统治者在谥号中加入“孝”字，尽管只是称谓上的一种变化，但其名号的象征意义仍不容小觑，这至少说明拥有最高权力的天子也不得不服从于“孝”的规训，也就是对祖宗之法的承传与接续。对此，邓小南指出：“在‘家天下’社会中，指代天下国家的‘社稷’，总是被与‘宗庙’、‘祖宗’联系起来认识，帝国的支配体制和家族秩序有着密切的关联。‘尊祖敬宗’是礼制的核心内容，也是儒家秩序观和伦理观的基本出发点；帝制国家维系其政治结构的根本性原则，正是浸润在宗法制度的深厚传统之中。”[2]这可以从汉代帝王登基之后，总是以“承宗庙”为念的政治意识中得到清晰的反映，而这样的语式也成为诏书中的一种常见话语，试看以下几例：

①朕以眇身获保宗庙，战战栗栗，夙兴夜寐……（《汉书·昭帝纪》）

②朕以眇身奉承祖宗，夙夜惟念……（《汉书·宣帝纪》）

③朕承先帝之圣绪，获奉宗庙，战战兢兢。（《汉书·元帝纪》）

④朕承天地，获保宗庙，明有所蔽，德不能绥。（《汉书·成帝纪》）

⑤朕承宗庙之重，战战兢兢，惧失天心。（《汉书·哀帝纪》）

---

[1]《孝经·孝治章》曰：“昔者明王以孝治天下也。”这是古代经典文本中第一次正式提出“孝治天下”的说法。这可以看作是儒家托古言事的传统，并非意味着古代圣王已标举出“孝治天下”的原则，但汉代统治者明确将“以孝治天下”作为口号提出，这标志着传统封建王朝在治国理念上的一次重大变革。

[2]邓小南：《祖宗之法——北宋前期政治述略》，第22页，三联书店，2006年。

⑥朕奉承祖业，无有善政，日月薄蚀，慧孛见天。（《后汉书·明帝纪》）

在上一章的论述中，我们已指出，“承宗庙”是儒家孝道思想中很重要的一个方面，它不仅意味着天子在祭祀祖先仪式中要保持敬慎的态度，在更实际的层面上，它还包括对于祖宗所颁行的律令法规，即所谓的“祖宗故事”不能轻易更张，“三年无改于父之道，可谓孝矣”这一儒家传统观念在汉代的的确确发生了实际的效力。关于汉代天子的政治行为受到前朝政治遗产的影响，邢义田曾很敏锐地指出：“对汉天子而言，律令由其所发，真正对之有约束力的还是所谓祖宗故事。在宣传‘以孝治天下’的汉代政治里，皇帝以敬宗法祖自命。他们对祖宗故事是不敢轻易违背的。”[1]可见，以“孝”为历代帝王的谥号不仅能看作是形式上的标榜，还具有若干实质性的意义。

此外，从汉代帝王的自身行为看，他们以身作则，躬行践律履孝道，对社会普通民众也起到了示范的作用。如文帝“圣贤仁孝闻于天下”（《史记·文帝本纪》）。对于文帝的孝行，袁盎曾描述道：“陛下（文帝）居代时，太后尝病，三年，陛下不交睫，不解衣，汤药非陛下口所尝弗进。夫曾参以布衣犹难之，今陛下亲以王者修之，过曾参孝远矣。”（《史记·袁盎晁错列传》）“三年不交睫”固然有夸张之嫌，但这是袁盎与文帝的对谈，可见其本事绝非面壁虚构。东汉明帝也被史传称述为“性孝爱”，《后汉书》卷十《皇后纪》还记载了明帝追慕太后，睹物思人而感动涕零的动人一幕，其孝心之诚挚斑斑可见。[2]汉章帝“亦孝性惇笃，恩性天至，母子慈爱，始终无纤介之间”（《后汉书·皇后纪》）。在传统视天

---

[1] 邢义田：《秦汉史论稿》，第381～382页，台北东大图书公司，1987年。

[2]《后汉书》卷十上《皇后纪》载：“明帝性孝爱，追慕无已，十七年正月，当谒原陵，夜梦先帝、太后如平生欢。既寤，悲不能寐，即案历，明旦日吉，遂率百官及故客上陵。其日，降甘露于陵树，帝令百官采取以荐。会毕，帝从席前伏御床，视太后镜奁中物，感动悲涕，令易脂泽装具。左右皆泣，莫能仰视焉。”

子为德位相符的圣王观念中，帝王的一举一动都对臣民有导化的影响力，尽管事实上昏乱的君主并不少，但这并不妨碍人们对帝王行为的期待。汉代君主们的孝行在一定程度上有助于推动全社会重孝风气的形成，并进而贞善社会风俗，这也是相当重要的一个方面，应该引起我们的重视。

除了皇室本身对“孝”的提倡之外，从制度化的层面上讲，汉代将孝作为选官的条件而提出，并设立孝弟的乡官，开设举孝廉的常科，使孝子有机会担任官职，走上仕途，这既是汉王朝在国家意识形态的控制方面将儒家的理念贯彻到政治领域的表现，也意味着普通民众凭借个人的德行可以改变其社会地位而得到官方的认同。从开放政府治权的角度讲，这一措施的落实对于实现儒家选贤举能的政治理想还是有其积极意义的。下面，我们就来简要研究一下汉代在选官制度方面将“孝”纳入其考察范围的若干问题。《汉书·惠帝纪》孝惠四年（前191年），“春正月，举民孝弟力田者复其身”。“复其身”，即一户之内皆不徭赋也。这是西汉统治者首次在政策上对“孝弟”给予免除徭役的待遇。《汉书·高后纪》高后元年（前187年）二月，又载：“初置孝弟力田二千石者一人。”颜师古注曰：“特置孝弟力田官而尊其秩，欲以劝厉天下，令各敦行务本。”这是对“孝弟”所设的原因的说明。“孝弟”、“力田”与“三老”在汉代同是所谓的“乡官”——与政府派出的“吏”分属不同的系统[1]——他们是地方民众的代表，不领取朝廷俸禄，其中，“三老，尊年也。孝弟，淑行也。力田，勤劳也”（《后汉书·章帝纪》）。也就是说，这些乡官各有执掌，共同服务于乡里，并以教化为务，以督导基层社会秩序的良性运作，而汉代诏令中也常常将三者并提，政府对其并有赐帛、赐爵的奖励。可见这些乡官的待遇还是相当优渥的，试看如下几例：

（1）十二年（前168年）诏曰：“遣谒者劳赐三老、孝者帛人五匹；悌者、力田二匹；廉吏二百石以上率百石者三匹。”（《汉书·文帝纪》）

---

[1] 参看严耕望：《中国地方行政制度史》上编卷上《秦汉地方行政制度》上册，第六章《乡官》节，台北“中央研究院”，1961年。

（2）载：元狩元年（前122年），诏曰："皇帝使谒者赐县三老、孝者帛，人五匹；乡三老、弟者、力田帛，人三匹。"（《汉书·武帝纪》）

（3）元康元年（前65年）三月，"加赐鳏、寡、孤、独、三老、孝弟、力田帛"。元康四年春（前62年）三月，"加赐三老、孝弟、力田帛，人二匹，鳏、寡、孤、独各一匹"。（《汉书·宣帝纪》）

（4）初元元年（前48年）夏四月，诏曰："赐……三老、孝者帛五匹，弟者、力田三匹，鳏、寡、孤、独二匹。"初元五年（前44年）夏四月，诏曰："赐……三老、孝者帛，人五匹，弟者、力田三匹，鳏、寡、孤、独二匹。"（《汉书·元帝纪》）

（5）绥和元年（前8年），"赐诸侯王、列侯金，天下当为父后者爵，三老孝弟力田帛各有差"。（《汉书·成帝纪》）

（6）建初三年（78年），"赐爵，人二级，三老孝弟力田人三级"。（《后汉书·肃宗孝章帝纪》）

（7）建和元年（147年），"赐吏更劳一岁，男子爵，人二级，为父后及三老孝弟力田人三级"。（《后汉书·孝桓帝纪》）

上述七例中，三老、孝弟、力田三者并举，已成为诏书中常见的一种形式。而王朝对之频频嘉奖，不仅是物质上给予厚遇，从文化的角度讲，"孝弟"这一乡官的设立，可以看做是制度化下"孝"的一种实践方式，这对于民间风俗的淳化具有很重要的引导意义。

在汉代，选官层次上看重孝行，将孝纳入制度化的选官考察标准，除了"孝弟"的名目之外，更具普遍性的是举孝廉这一措施的推行。[1]对此，阎步克先生说："尽管事实上孝廉察举标准在实施上有更复杂的情

---

[1] 实际上，汉代选官制度除举孝廉外，其他途径也都有对"孝"的一定的要求，如《后汉书·志第二十四·百官一》注引应劭《汉官仪》曰："世祖诏：'方今选举，贤佞朱紫错用。丞相故事，四科取士。一曰德行高妙，志节清白；二曰学通行修，经中博士；三曰明达法令，足以决疑，能案章覆问，文中御史；四曰刚毅多略，遭事不惑，明足以决，才任三辅令：皆有孝悌廉公之行。自今以后，审四科辟召，及刺史、二千石察茂才尤异孝廉之吏，务尽实核。"其中，"皆有孝悌廉公之行"就是很好的说明。

况，但是举士科目冠之以‘孝廉’，依然具有重大的象征意义。这种以居家之‘孝’举用治国之吏的制度，即为商、韩所斥，又于秦代无闻。它使政统和亲统的相互渗透，获得了相当制度化的形式。”[1]让我们具体来看举孝廉这一制度实行的来龙去脉。武帝即位之后，朝廷上逐渐形成了儒术独尊的政治局面，在这一大背景下，根据董仲舒等人的建议，在选官制度上也出现了一些偏重儒家理念的改革。据《汉书·武帝纪》载：“元光元年（前134年）冬十一月，初令郡国举孝廉各一人。”这标志着举孝廉制度的正式登场，从此，岁举孝廉成为两汉察举的一种主要常行科目。关于这一事件的历史意义，劳干先生指出：“元光元年这一年，无疑的，是中国学术史和政治史上最可纪念的一年。”尽管这一次举孝廉没有举出什么不得了的人物，“然而就制度本身说来，却开中国选举制度数千年坚固的基础”[2]。

“孝廉”这一科目的设置，将朝廷的用人标准局限于“孝”与“廉”，显然是为了贯彻儒家的价值原则，其中，“孝谓善事父母者，廉谓清洁有廉隅者”（《汉书·武帝纪》颜师古注）。而应征者一旦被举为孝廉，就具备了入仕的最基本资格。不过，举孝廉这一制度推行之初，其成效并不明显，以至于出现“或至阖郡而不荐一人”（《汉书·武帝纪》）的现象，到了武帝元朔元年（前128年）冬十一月再次下诏，令中两千石、礼官、博士议不举者罪，后又规定：“不举孝，不奉诏，当以不敬论；不察廉，不胜任也，当免。”（《汉书·武帝纪》）至此，岁举孝廉的政策才得以真正执行。关于“孝廉”这一选举科目的制度化品格，黄留珠先生说：“举孝廉的要求，一为岁举，二是一定要由郡国向朝廷（中央）荐举，三是有人数的限定（东汉和帝永元之前规定每郡两人，以后按郡国人口率察举）。”[3]这也就是说，举孝廉是常年实行的选举制度，与

[1] 阎步克：《士大夫政治演生史稿》，第339页，北京大学出版社，1996年。

[2] 劳干：《汉代察举制度考》，见《中央研究院历史语言研究所集刊》第17册，第83页，中华书局，1987年。

[3] 黄留珠：《秦汉仕进制度》，第90页，西北大学出版社，1985年。

应一时之需的特科选举不同，它基本上有很稳定的选举流程，而不随当权者个人的喜好而飘移不定。汉代的选官制度以察举制为其主流，而孝廉一科又是重中之重，“两汉之世，从武帝元光元年（前134年）初令郡国举孝廉，迄于汉献帝刘协禅位曹丕的三百五十年间，共举孝廉约七万四千余人。这是一个相当可观的数字，汉世察举其他科目所选取的人数远远不能与此相比。”[1]故有学者指出：“汉世诸科，虽以贤良方正为至重，而得人之盛，则莫如孝廉，斯以后世所不能及。”[2]此外，从个人资历来看，被举为孝廉的人士中，以儒者为最多[3]，这也从另一方面说明举孝廉这一制度设计确实与儒家思想有亲和性关系。如此大规模的选举孝廉入仕，从总量上讲，虽说不能保证被举之人个个都有卓异的孝行，也不能保证其治民的成绩就一定出色，毕竟“孝”的范围仅局限于家庭伦理，而“吏”的角色则关乎一方百姓，有孝行之人治民的能力并不一定突出，两者之间也不存在必然的因果联系；但作为一种制度导向而言，将“孝”的规训扩展成为对于官员素质的基本要求，无论对官员还是百姓，无形中都起到了劝导的作用。在传统政教分化并不明显的社会，当“孝”的观念成为上至天子、公卿，下至黎民百姓都敬畏的伦理德目之时，它已具有宗教般的力量，而被举为孝廉的官员就可以凭借自身所拥有的“孝”的品行来感化、引导民众的行为，所谓“君子之德风，小人之德草”，其在实践中散发出的巨大潜能便不容小觑。在这种浓烈的伦理气氛笼罩之下，以孝治民便不是一句空洞的口号，而具有了更实际的意义与价值。

除察举孝廉之外，汉代选举也常常出现举孝的诏令，这与举孝廉不同的是：一、荐举的举主不限于郡国，而扩大至公卿等官员；二、这种举孝的诏令不是岁举，而是特科。请看下面一些例子：

（1）地节三年（前67年）十一月诏曰：“其令郡国举孝弟有行义闻

[1] 黄留珠：《秦汉仕进制度》，第106页，西北大学出版社，1985年。

[2] 徐天麟：《东汉会要》卷二十六《选举下》。马端临也说：“按东都选举，孝廉一科为盛，名士多出其中。”（《文献通考·选举七》）

[3] 黄留珠：《秦汉仕进制度》，第143页，西北大学出版社，1985年。

于乡里者各一人。”（《汉书·宣帝纪》）

（2）建平元年（前6年），诏曰：“盖闻圣王之治，以得贤为首。其与大司马、列侯、将军、中二千石、州牧、守、相举孝弟惇厚能直言通政事，延于侧陋可亲民者，各一人。”（《汉书·哀帝纪》）

（3）永初五年（111年）诏曰：“其令三公、特进、侯、中二千石、二千石、郡守、诸侯相举，贤良方正，有道术，达于政化，能直言极谏之士各一人，至孝与众卓异者。”（《后汉书·孝安帝纪》）

（4）建和元年（147年），“诏大将军、公、卿、郡、国举至孝笃行之士各一人”。（《后汉书·孝桓帝纪》）

（5）延熹九年（166年），“诏公、卿、校尉、郡国举至孝”。（《后汉书·孝桓帝纪》）

（6）建安五年（200年），“诏三公举至孝二人，九卿、校尉、郡国守相各一人”。（《后汉书·孝献帝纪》）

作为常科的举孝廉制度与作为特科的举孝诏令是汉代选举入仕的两种形式[1]；将“孝”作为选拔官员的条件而提出，这是汉代才开始出现的做法；所谓“孝”的制度化表现，也以此最为显著。国家倡导一种观念或者伦理原则，光靠口头上的宣传还不够，必须将之落实为具体的制度设计，通过奖惩得力的方式才能使之广泛传播。汉王朝提倡“孝”德，从统治者的角度讲，是为了便于国家治理，顺化民众。从老百姓的角度讲，一方面，“孝”的要求有着深厚的人性基础，容易得到民众的认同，另一方面，国家又通过举孝入仕的手段为普通民众提供了改变社会地位的有效途径。因此，“孝”的规训能够扎根于社会基层，成为规范人们行为强有力

[1] 虽然举孝诏令是朝廷特科，但被举之人仍然不少，兹举三例以见其余：《后汉书》卷三十九《赵咨传》：“咨少孤，有孝行，州郡召举孝廉，并不就。延熹元年（158年），大司农陈奇举咨至孝有道，仍迁博士。”《后汉书》卷五十二《崔寔传》：“桓帝初，诏公卿郡国举至孝笃行之士，寔以郡举，征诣公车，病不对策，除为郎。”《后汉书》卷六十二《荀爽传》：“延熹九年，太常赵典举爽至孝，拜郎中。”

的观念，这也就不难理解了。

另外，儒家重视教化，以一种渐进熏染的方式传播其伦理观念，在汉代也被有效采用，其中最典型的例子就是汉代循吏对儒家观念与生活方式的传播。“循吏”一词最先为《史记》所提出，并被后来的正史列传因袭，成为中国文化史上十分引人注目的一种官吏的类型。[1]他们秉承原始儒家治民“先富后教”的理念[2]，以教化民众为务，并一身承担起“吏”与“师”的双重角色，对推广儒家思想，使之在普通百姓的生活中生根发芽，在全社会形成浓厚的儒家风俗，起到了至关重要的作用。[3]让我们来看几个例子：

①（韩）延寿为吏，上礼义，好古教化，所至必聘其贤士，以礼待用，广谋议，纳谏争；举行丧让财，**表孝弟有行**；修治学官，春秋乡射，陈钟鼓管弦，盛升降揖让，及都试讲武，设斧钺旌旗，习射御之事。治城郭，收赋租，先明布告其日，以期会为大事，吏民敬畏趋乡之。（《汉

---

[1] 关于循吏概念的变迁，参看余英时：《汉代循吏与文化传播》第三节，《士与中国文化》，第134～139页，上海人民出版社，2003年。

[2] 儒家在个人修身方面强调“反求诸己”，并不断勇猛精进，实现道德潜能的不断提高。但在治人方面，却严守“治民之产”、“先富后教”的理念，对此，徐复观先生有《儒家在修己与治人上的区别及其意义》一文已发其精义，收入萧欣义编《儒家政治思想与民主自由人权》一书，台湾学生书局，1988年。在汉代，大儒董仲舒继承孔子的这一思想，对此有精到的分析，在《春秋繁露·仁义法》就说：“君子求仁义之别，以纪人我之间，然后辨乎内外之分，而著于顺逆之处也。是故内治反理以正身，据礼以劝福。外治推恩以广施，宽制以容众。孔子谓冉子曰：‘治民者先富之而后加教。’语樊迟曰：‘治身者先难后获。’以此之谓。治身之与治民，所先后者不同焉矣。《诗》云：‘饮之食之，教之诲之。’先饮食而后教诲，谓治人也。又曰：‘坎坎伐辐，彼君子兮，不素餐兮！’先其事后其食，谓之治身也。”

[3] 关于教化的重要性，董仲舒曾有很精辟的论述，他说：“凡以教化不立而万民不正也。夫万民之从利也，如水之走下，不以教化堤防之，不能止也。是故教化立而奸邪皆止者，其堤防完也；教化废而奸邪并出，刑罚不能胜者，其堤防坏也。古之王者明于此，是故南面而治天下，莫不以教化为大务。立太学以教于国，设庠序以化于邑，渐民以仁，摩民以谊，节民以礼，故其刑罚甚轻而禁不犯者，教化行而习俗美也。……今之郡守、县令，民之师帅，所使承流而宣化也。”（《汉书·董仲舒传》）

书·赵尹韩张两王传》）

②岁余，迁汝南太守。敞疾文俗吏以苛刻求当时名誉，故在职以宽和为政。立春日，常召督邮还府，分遣儒术大吏案行属县，**显孝悌有义行者**。及举冤狱，以《春秋》义断之。是以郡中无怨声，百姓化其恩礼。其出居者，皆归养其父母，追行丧服，推财相让者二百许人。置立礼官，不任文吏。又修理鲷阳旧渠，百姓赖其利，垦田增三万余顷。吏人共刻石，颂敞功德。（《后汉书·何敞传》）

③延熹八年（165年），征拜尚书令，迁南阳太守。典历三郡，温仁多恕，虽在仓卒，未尝疾言遽色。常以为"齐之以刑，民免而无耻"。吏人有过，但用蒲鞭罚之，示辱而已，终不加苦。事有功善，推之自下。灾异或见，引躬克责。每行县止息亭传，辄引学官祭酒及处士诸生执经对讲。见父老慰以农里之言，**少年勉以孝悌之训**。人感德兴行，日有所化。（《后汉书·刘宽传》）

④（仇）览初到亭，人有陈元者，独与母居，而母诣览告元不孝。览惊曰："吾近日过舍，庐落整顿，耕耘以时。此非恶人，当是教化未及至耳。母守寡养孤，苦身投老，奈何肆忿于一朝，欲致子以不义乎？"母闻感悔，涕泣而去。览乃亲到元家，与其母子饮，**因为陈人伦孝行**，譬以祸福之言。元卒成孝子。（《后汉书·循吏列传》）

⑤建初元年（76年），（秦彭）迁山阳太守。以礼训人，不任刑罚。崇好儒雅，敦明庠序。每春秋飨射，辄修升降揖让之仪。乃为人设四诫，**以定六亲长幼之礼**。有遵奉教化者，擢为乡三老，常以八月致酒肉以劝勉之。吏有过咎，罢遣而已，不加耻辱。百姓怀爱，莫有欺犯。（《后汉书·循吏列传》）

上述摘引自史传中的例子，都是循吏中的典型代表：他们为官一任，无不以移风易俗、仁爱教化为务；而申孝悌之义，宣布儒家的孝道理想，当然也成为他们工作中相当重要的组成部分。如果没有这些循吏不遗余力的努力，儒家的伦理观念至多也只是精英阶层所持守的道德原则，与百姓生活无涉。正是有了他们这种文化传播者的角色，儒家的思想观念才能渗透到民间，并在下层民众中广泛流传，发挥重要的影响力。循吏沟通大小传统之间的这种文化功能也就成为儒学制度化传播中所不能忽视的一个方面。

虽然循吏的正式身份是朝廷的官方代理者，执掌教化的责任并不在其职守范围之内[1]，但他们不满足于此，而主动承担起教化民众的任务，其原动力来自儒家“士不可以不弘毅，任重而道远”的理想。可以说，汉代风俗的淳化，与循吏的工作是分不开的。顾炎武在《日知录》卷十七“两汉风俗”条说：

汉自孝武表章六经之后，师儒盛而大义未明，故新莽居摄，颂德献符者遍于天下。光武有鉴于此，故尊崇节义，敦厉名实，所常用者莫非经明行修之人，而风俗为之一变。至其末造，朝政昏浊，国事日非，而党锢之流，独行之辈，依仁蹈义，舍命不渝，风雨如晦，鸡鸣不已。三代以下，风俗之美，无尚于东京者！故范晔之论，以为桓、灵之间，君道秕僻，朝纲日陵，国隙屡启。故自中智以下靡不审其崩离，而权强之臣，息其窥盗之谋，豪俊之夫屈于鄙生之议，所以倾而未颠，决而未溃，皆仁人君子心力之为。可谓知言矣！

亭林盛赞东京风俗之美，正是深刻体会到东汉儒者的精神面貌，而循吏作为受儒家观念熏陶的士林代表，建立良好的社会文化秩序，正有赖于他们的不懈努力。

[1] 在汉代，执掌教化的是所谓“三老”、“孝弟”等乡官的民间代表，朝廷官吏并没有教化民众的责任，可参看余英时：《士与中国文化》，第155页，上海人民出版社，2003年。

第三节

《孝经》在汉代教育制度中的地位

上一节我们讨论了汉代朝廷将儒家孝道观念实践化、制度化的一些表现形式，这可以说是在实践层面上的一种考察。“孝”作为儒家的中心教义，与其他儒家观念不同的是，它有独立的文本——《孝经》为其支撑，故而通过考察《孝经》的传播情况，某种意义上也能反映出社会对于“孝”之价值的重视程度。在本节中，我们将对《孝经》在汉代的流传状况作一个简要的回顾。

《孝经》全文不足两千字，关于它的成书年代与作者问题历来是众说纷纭，莫衷一是。本节不打算详细考证这一历史疑案，仅根据史料，在年代与作者问题上作一大略的推断即可。明代的《吴廷翰集·椟记》卷上《孝经》条言：“《孝经》一书，多非孔子之言，出于汉儒附会无疑。”姚际恒《古今伪书考》也说：“是书来历出于汉儒，不惟非孔子作，并非周秦之言也。”近代疑古风气流行，不少人都认为《孝经》出于汉儒，为伪托之作。但仔细研究《孝经》的文本，其书与《礼记》中不少篇章都有文字上的重合关系，可见其渊源有自，并非伪书。我们试举几个例子。如在《孝经·士章》中的“资于事父以事母而爱同”“资于事父以事君而敬同”，亦见于《大戴礼记·本命》。《孝经·广至德章》曰：“君子之教以孝也，非家至而日见之也。”《礼记·乡饮酒义》也有类似的说法，其文为：“君子之所谓孝也，非家至而日见之也。”《孝经·广扬名章》曰：“君子之事亲孝，故忠可移于君。”《礼记·祭统》则说：“忠臣以事其君，孝子以事其亲，其本一也。”另外，《孝经·开宗明义章》有“身体发肤，受之父母，不敢毁伤”的记载，与《礼记·祭义》“身也者，父母之遗体也。……父母全而生之，子全而归之，可谓孝矣；不亏其体，不辱其身，可谓全矣”的意思也很接近。由此可见，《孝经》中不少地方都与《礼记》有暗合之处。《礼记》虽不是出自一人之手，但大抵为孔门弟子所记录，而为西汉大小戴所编定，故《孝经》的记录者也应以出自孔门弟子或再传弟子最为可信，而绝不应该是汉儒。此外，《吕氏春秋》的《孝行》篇引用《孝经·天子章》中的文字：“故爱其亲，不敢恶人；敬其亲，不敢慢人。爱敬尽于事亲，光耀加于百姓，究于四海，此天子之孝也。”《察微》篇引用《孝经·诸侯章》的文字：“高而不危，所以长守贵也；满而不溢，所以长守富也。富贵不离其身，然后能保其社稷，而和其民人。”如果说《孝经》出于汉儒之手，则它绝不可能为《吕氏春秋》所引证，这也是不言而喻的。其实，《史记·仲尼弟子列传》中早就说过：“曾参少孔子四十六岁，孔子以为能通孝道，故授之业，作《孝经》。”《汉书·艺文志》中也说：“《孝经》者，孔子为曾子陈孝道也。”《孝经》对话的主人公是孔子与曾子，其记录成文应是曾子弟子所为，它成书的最晚年代应在《吕氏春秋》之前，这是我们得出的结论。

与其他儒家经典一样，《孝经》在汉代的流传也有今古文之分。《隋书·经籍志》说：“遭秦焚书，为河间人颜芝所藏，汉初，芝子贞出之，凡十八章。”颜贞所献，即为今文《孝经》。又据《汉书·艺文志》：“武帝末，鲁共王坏孔子宅，欲以广其宫，而得古文《尚书》及《礼记》、《论语》、《孝经》，凡数十篇，皆古字也。”鲁共王所得，即是古文《孝经》。今古文《孝经》的区别主要有两点：一是章数不同，二是文字上略有出入。古文《孝经》为二十二章，今文《孝经》只有十八章，前者多出后者的四章中有三章是由于章句分合的不同而造成的，文字的差异也多是细节、语气、措辞上的不同，所以这两点都不构成本质的差别，故而在《孝经》文本上的今古文之争并不激烈。[1]西汉成帝时，刘向奉命整理校对古籍，他以今文《孝经》为主本，比勘古文《孝经》，定为十八章，而通行于世，这也就成为《孝经》流传至今的本子。[2]

汉文帝时，“欲广游学之路，《论语》、《孝经》、《孟子》、《尔雅》皆置博士”[3]。这是所谓“杂学博士”的阶段[4]。后来武帝立五经博士，《孝经》虽被取消立为博士的资格，但其经典地位并未随之改变，不过，这时《孝经》的传播更多的不是依靠博士这一系统，而是渗透到地方各级教育机构之中，成为重要的初级教育读本。

由于《孝经》篇幅短小，文字也较六经浅显易懂，故而汉代统治者一般将之作为启蒙读物，它在皇室的传播是相当广泛而深入的。让我们来看史传中的相关记载，如：

（1）始元五年（前82年），诏曰：“朕以眇身获保宗庙，战战栗栗，夙兴夜寐，修古帝王之事，诵《保傅传》、《孝经》、《论语》、《尚书》，未云有明。”（《汉书·昭帝纪》）

---

[1]关于在《孝经》文本上的今古文之争，黄震《黄氏日钞》评论：“按，《孝经》一耳，古文、今文特所传微有不同。如首章今文云：‘仲尼居，曾子侍。’古文则云：‘仲尼闲居，曾子侍坐。’今文云：‘子曰，先王有至德要道。’古文则云：‘子曰，参，先王有至德要道。’今文云：‘夫孝，德之本也，教之所由生也。’古文则云：‘夫孝，德之本，教之所由生。’文之或增或减，不过如此，于大义固无不同。至于分章之多寡，今文《三才章》，‘其政不严而治’，与‘先王见教之可以化民’通为一章。古文则分为二章。今文《圣治章第九》，‘其所因者，本也’，与‘父子之道，天性’通为一章。古文亦分为二章。‘不爱其亲，而爱他人者’，古文又分为一章。章句之分合，率不过如此，于大义亦无不同。古文又云：‘闺门之内，具礼矣乎！严父严兄。妻子臣妾，犹百姓徒役也。’此二十二字，今文全无之，而古文自为一章，与前之分章者三，共增为二十二。所异者亦不过如此。非今文与古文各为一书也。”由此可见，今古文《孝经》所差甚微，并没有严重的分歧。

[2]关于刘向整理《孝经》的记录，《隋书·经籍志》云：刘向“典校经籍，以颜本比古文，除其繁惑，以十八章为定”。

[3]赵岐：《孟子题辞》，见《十三经注疏》，第2663页，中华书局，1980年。

[4]“杂学博士”的提法是徐复观先生对五经博士成立之前，博士性格的一种概括。参看氏著《西汉经学史》第一节《博士性格的演变》，《徐复观论经学史二种》，第48～56页，上海书店出版社，2005年。

（2）元平元年秋七月，霍光奏议曰："孝武皇帝曾孙病已（即汉宣帝），有诏掖庭养视，至今年十八，师受《诗》、《论语》、《孝经》，操行节俭，慈仁爱人，可以嗣孝昭皇帝后，奉承祖宗，子万姓。"（《汉书·宣帝纪》）

（3）汉宣帝"皇太子年十二，通《论语》、《孝经》"。（《汉书·隽疏于薛平彭传》）

（4）广川王刘去"师受《易》、《论语》、《孝经》皆通"。（《汉书·景十三王传》）

（5）汉顺帝"始入小学，诵《孝经》章句"。（《东观汉纪》）

（6）光武帝之子沛献王刘辅"矜严有法度，好经书，善说《京氏易》、《孝经》、《论语》"。（《后汉书·光武十三王列传》）

从上述记载中不难看出，在汉代皇室中，对于《孝经》的阅读与学习是相当普遍的情况。另外，《汉书·匡衡传》载："元帝崩，成帝即位，（匡）衡上疏戒妃匹，劝经学威仪之则，曰：……故审《六艺》之指，则天人之理可得而和，草木昆虫可得而育，此永永不易之道也。及《论语》、《孝经》，圣人言行之要，宜究其意。……上敬纳其言。"这段话说明，汉成帝时，就连皇宫后妃也要学习《孝经》，这不能不说是相当引人注目的现象，由此也可见《孝经》在皇室至深至巨的影响力。

此外，在郡县设置的官方学校中，汉代统治者也极力以传播《孝经》为务，据《汉书·平帝纪》载：元始三年（3年），"立官稷及学官。郡国曰学，县、道、邑、侯国曰校，校、学置经师一人；乡曰庠，聚曰序，序、庠置《孝经》师一人"。《孝经》成为官方指定的学校读本，又如此广泛地设置"《孝经》师"这一职位，可以想见，民间中诵读《孝经》的风气一定是空前普遍的。两年之后，也就是元始五年（5年），朝廷又广征能教授《孝经》、《五经》等书者，遣诣京师，至者数千人。[1]虽然这一数字不限于精通《孝经》之士，但《孝经》被单独提出，也可见官方对

[1]《汉书》卷十二《平帝纪》。

其的重视程度。到了东汉，历代诸帝要求天下人都需讲诵《孝经》，明帝规定“自期门羽林之士，悉令通《孝经》章句”。朝廷又在司隶校尉、刺史的部属中有“《孝经》师主监试经”[1]的规定，这使得《孝经》的传播土壤日益深厚广大，[2]故东汉末年荀爽才有“汉制使天下诵《孝经》，选吏举孝廉”[3]这样的话出现，近代国学大师王国维有“汉时《论语》、《孝经》之传，实广于《五经》”[4]的论断。从以上的叙述中不难看出，《孝经》在汉代的流传在某种程度上也是制度化儒学的产物，在这其中，官方在教育导向上的推动力量起到了相当重要的作用。从皇室到民间，《孝经》都有广泛的阅读群体。从普及程度上讲，《孝经》在汉代的影响力在儒家经典中恐怕是首屈一指的，这既与统治者对其内容的偏好有关，也得力于其浅显通俗的文本形式。

关于《孝经》的经典地位，我们还可以换一个角度来观察，通过人们对它的频繁引证来判断其在价值规范上的权威性与神圣性。从经典的层级来看，儒家的五经处于最顶端的位置，但《孝经》的经典性也不容忽视，在汉代，它被认为是孔子的作品，纬书中甚至有孔子“志在《春秋》，行在《孝经》”的说法。所以从等级上看，《孝经》的地位低于作为“圣典”（scripture）的五经，由于有孔子的背景支撑，在一般人看来，其权威性也是无可怀疑的，这从皇帝诏书和大臣对策中对《孝经》的频频引用可以看得很清楚，让我们来看几个例子：

（1）光武帝建武十一年（35年）春二月己卯，诏曰：“**天地之性人为贵**。其杀奴婢，不得减罪。”（《后汉书·光武帝纪》）

（2）上尽召直言之士诣白虎殿对策，策曰：“天地之道何贵？王者之法何如？《六经》之义何上？人之行何先？取人之术何以？当世之治何务？各以经对。”杜钦对曰：“孔子曰：‘**孝无终始，而患不及者，未之**

[1]《续汉书》志二十七《百官四》。
[2]《后汉书》卷七十九《儒林传》。
[3]《后汉书》卷六十二《荀爽列传》。
[4]王国维：《观堂集林》卷四，中华书局，1959年。

有也。’孝，人行之所先也。”（《汉书·杜周列传》）

（3）元帝时，韦玄成为丞相，奏罢太上皇寝庙园，平当上书言：“《孝经》曰‘**天地之性人为贵，人之行莫大于孝，孝莫大于严父，严父莫大于配天，则周公其人也**’。夫孝子善述人之志，周公既成文、武之业而制作礼乐，修严父配天之事，知文王不欲以子临父，故推而序之，上极于后稷而以配天。此圣人之德，亡以加于孝也。高皇帝圣德受命，有天下，尊太上皇，犹周文、武之追王太王、王季也。此汉之始祖，后嗣所宜尊奉以广盛德，孝之至也。”……上纳其言，下诏复太上皇寝庙园。（《汉书·平当列传》）

（4）永元初，国傅何敞上疏谏康曰：“盖闻诸侯之义，制节谨度，然后能**保其社稷，和其民人**。”（《后汉书·光武十王列传》）

上述四个随手摘自史传中的例子，说明《孝经》已具有公认的经典地位，它在价值上的规范性与权威性已被社会共同体所承认，所以称引它的内容也被看作是论证的有力根据。不仅如此，在汉代由于阴阳五行与天人感应学说的流行，对《孝经》的解释也在某种程度上受到了这种风气的影响而颇具一些神秘色彩[1]，史料中的一些例子表明，甚至有人将《孝经》

---

[1] 如董仲舒就以五行学说来解释《孝经》，参看《春秋繁露·五行对》，原文为：

河间献王问温城董君曰：“孝经曰：‘夫孝，天之经，地之义。’何谓也？”对曰：“天有五行：木、火、土、金、水是也。木生火，火生土，土生金，金生水。水为冬，金为秋，土为季夏，火为夏，木为春。春主生，夏主长，季夏主养，秋主收，冬主藏。藏，冬之所成也。是故父之所生，其子长之；父之所长，其子养之；父之所养，其子成之。诸父所为，其子皆奉承而续行之，不敢不致如父之意，尽为人之道也。故五行者，五行也。由此观之，父授之，子受之，乃天之道也。故曰：夫孝者，天之经也。此之谓也。”王曰：“善哉！天经既得闻之矣，愿闻地之义。”对曰：“地出云为雨，起气为风。风雨者，地之所为，地不敢有其功名，必上之于天，命若从天气者，故曰天风天雨也，莫曰地风地雨也；勤劳在地，名一归于天，非至有义，其孰能行此？故下事上，如地事天也，可谓大忠矣。土者，火之子也，五行莫贵于土，土之于四时，无所命者，不与火分功名；木名春，火名夏，金名秋，水名冬，忠臣之义，孝子之行取之土；土者，五行最贵者也，其义不可以加矣。五声莫贵于宫，五味莫美于甘，五色莫盛于黄，此谓孝者地之义也。”王曰：“善哉！”

作为施展巫术或宗教祈祷的神圣文本，这是考察《孝经》流传情况相当有趣的一个面相，也值得我们为之注目，请看下面的例子：

（1）凉州刺史宋枭患多寇叛，竟想用“多写《孝经》，令家家习之，庶或使人知义”的办法来安定社会秩序。（《后汉书·盖勋传》）

（2）会张角作乱，（向）栩上便宜，颇讥刺左右，不欲国家兴兵，但遣将于河上北向读《孝经》，贼自当消灭。（《后汉书·独行列传》）

（3）尚书令王允奏曰：“太史王立说《孝经》六隐事，令朝廷行之，消却灾邪，有益圣躬。”诏曰：“闻王者当修德尔，不闻孔子制《孝经》，有此而却邪者也。”允固奏请曰：“立学深厚，此圣人秘奥，行之无损。”帝乃从之。常以良日，王允与王立入，为帝诵《孝经》一章。（《后汉纪·纪孝献皇帝》）

这种在今天看来有些可笑的做法，却被郑重其事地载入史册，说明当时《孝经》确被人们看作是具有魔力的典籍而信仰。直到公元5世纪，著名的道教徒顾欢仍相信《孝经》能祛除疾病的侵害[1]，我们不能证实人们对《孝经》的这种信仰到底具有多大程度的普遍性，但这至少说明儒家经典在一定意义上也具有宗教性的功能，并在历史进程中被真实地相信；而这些例子也就成为儒家经典突破其政教价值而展现其宗教角度的最好说明。

[1]《南史》卷七十五《顾欢传》记载：有病邪者问欢，欢曰：“家有何书？”答曰：“唯有《孝经》而已。”欢曰：“可取《仲尼居》置病人枕边恭敬之，自差也。”而后病者果愈。后人问其故，答曰：“善禳恶，正胜邪，此病者所以差也。”

第四节

从《春秋繁露》到《太平经》：天人感应观念下的孝道演变

相较先秦而言，汉代思想界的大环境发生了很大的变化，其表现特征主要有两点：一、原先诸子争鸣的局面逐渐被儒家一统的现实所取代，但在这一复杂的历史演变中，各种思潮并非销声匿迹，而是出现了融合与会通的景象，如道家、法家、阴阳家的思想都在一个更广阔的背景中与儒家思想合流，形成了一种新的综合，这种趋势从战国晚年的《吕氏春秋》就开始了，直到汉代，以《淮南子》为代表的著作仍延续着这一思路。二、汉代思想界的另外一种变化是阴阳五行观念与天人感应学说的弥漫，这与战国以来齐学的发展传播有关，到东汉初年，出现谶纬流行的局面，而后又与经学相结合，在思想史上展现了相当奇特的一种景观。在本节中，我们将考察汉代天人感应观念下孝道思想所发生的一些演变，这也是汉代儒学制度化在思想层面所展示出的一道风景，论述的重点仍然以几个有代表性的文本为主。值得指出的是，这种考察仅仅反映出汉代思想变化的一些新特点，并非面面俱到。

一、《春秋繁露》中的相关论述

《春秋繁露·顺命》曰："父者，子之天也，天者，父之天也，无天而生，未之有也。天者，万物之祖，万物非天不生，独阴不生，独阳不生，阴阳与天地参然后生……天子受命于天，诸侯受命于天子，子受命于父，臣妾受命于君，妻受命于夫。诸所受命者，其尊皆天也，虽谓受命于天亦可。”[1]其中，“父者，子之天也”的说法，是董仲舒在其理论系统中对于父子关系的新界说，[2]要明白这句话的具体含义，还要弄清楚董仲舒所指的“天”究竟是什么意思，以及“天”在他思想体系中的位置才能对此有透彻的认识。董仲舒说：

①天者，百神之大君也。（《春秋繁露·郊语》）

②天者，百神之君也，王者之所最尊也。（《春秋繁露·郊义》）

③为生不能为人，为人者天也。人之（为）人本于天，天亦人之曾祖父也。（《春秋繁露·为人者天》）

由此可见，在董仲舒哲学思想中，“天”的地位是至高无上的，“天”既是万物之祖，也是神明世界的主宰，而人与天也有着不可割舍的联系，因为“天亦人之曾祖父也”。以天主宰万物来比照父子关系，说“父者，子之天也”，也就是承认父对子的绝对统辖地位。父子之间，子的顺承与父的权威都是理所应当的，而且这种关系更多的是突出单方面的义务，也就是子的服从与恭顺，这与先秦儒家论父子关系强调双向互动的特点相比，无疑具有片面化的倾向。[3]而董仲舒的这种思路，又跟他的阴阳五行学说相关，关于阴阳思想与父子关系之间的关联，他说：

天下之尊卑随阳而序位。幼者居阳之所少，老者居阳之所老，贵者居

---

[1] 关于天子与天的关系，《春秋繁露·深察名号》曰：“受命之君，天意之所予也。故号为天子者，宜视天如父，事天以孝道也。”

[2] 郭店楚简《六位》曰：“既生畜之，又从而教诲之，谓之圣。圣也者，父德也。子也者，会谆长材以事上，谓之义；上共下之义，以睦□□，谓之孝；故人则为（人也，谓之）仁。仁者，子德也。”（李零：《郭店楚简校读记》，第131页，北京大学出版社，2002年）先秦儒家以圣德和仁德来分别界定父子角色的定位，与董仲舒“父者，子之天也”的说法相较，其中的距离显而易见。

[3] 杨雄《法言·孝至》曰：“父母，子之天地与？无天何生？无地何形？天地裕于万物乎？万物裕于天地乎？裕父母之裕，不裕矣。事父母自知不足者，其舜乎？”这种说法似乎也受了董仲舒“父者，子之天”的影响。

阳之所盛，贱者居阳之所衰。藏者，言其不得当阳。不当阳者臣子是也，当阳者君父是也。故人主南面，以阳为位也。阳贵而阴贱，天之制也。礼之尚右，非尚阴也，敬老阳而尊成功也。（《春秋繁露·天辨在人》）

又说：

阴者阳之合，妻者夫之合，子者父之合，臣者君之合。物莫无合，而合各有阴阳。阳兼于阴，阴兼于阳，夫兼于妻，妻兼于夫，父兼于子，子兼于父，君兼于臣，臣兼于君。君臣、父子、夫妇之义，皆取诸阴阳之道。君为阳，臣为阴；父为阳，子为阴；夫为阳，妻为阴；阴道无所独行，其始也不得专起，其终也不得分功，有所兼之义。是故臣兼功于君，子兼功于父，妻兼功于夫，阴兼功于阳，地兼功于天。……是故仁义制度之数，尽取之天，天为君而覆露之，地为臣而持载之，阳为夫而生之，阴为妇而助之，春为父而生之，夏为子而养之，秋为死而棺之，冬为痛而丧之，王道之三纲，可求于天。（《春秋繁露·基义》）

在此，董仲舒提出"君为阳，臣为阴；父为阳，子为阴；夫为阳，妻为阴"的说法，已具有后来《白虎通义》中三纲说的基形，又以阴阳尊卑来比附父子关系[1]，而倡导"子兼于父"，这都表明汉代儒学的发展进入了一个新的阶段。此外，五行学说也与父子之间存在可相附会的地方，对此，董仲舒说：

天有五行：一曰木，二曰火，三曰土，四曰金，五曰水。木，五行之始也；水，五行之终也；土，五行之中也。此其天次之序也。木生火，火

[1]《春秋繁露》中有《阳尊阴卑》一篇，其中，论及君臣父子的关系，说道："臣之义比于地，故为人臣者，视地之事天也。为人子者，视土之事火也。虽居中央，亦岁七十二日之王，傅于火以调和养长，然而弗名者，皆并功于火，火得以盛，不敢与父分功美，孝之至也。是故孝子之行，忠臣之义，皆法于地也。地事天也，犹下之事上也。地，天之合也，物无合会之义。是故推天地之精，运阴阳之类，以别顺逆之理。"

生土，土生金，金生水，水生木，此其父子也。木居左，金居右，火居前，水居后，土居中央，此其父子之序，相受而布。是故木受水而火受木，土受火，金受土，水受金也。诸授之者，皆其父也；受之者，皆其子也。常因其父，以使其子，天之道也。是故木已生而火养之，金已死而水藏之，火乐木而养以阳，水克金而丧以阴，土之事火竭其忠。故五行者，乃孝子忠臣之行也。（《春秋繁露·五行之义》）

以五行的生克之理来说明父子之道，并认为孝子之行就是遵循五行运转的规律，自觉履行五行授受的原则。这种解释在今天看来实在很难被认同，但必须指出，在董仲舒的思想系统中，阴阳与五行说原本就不仅仅是说明自然秩序的形上理论，还具有规范人伦政教的作用；天道与人道是相互贯通而不是分成两头的，并且人伦秩序最终要诉诸天道运行来加以整顿。所以我们可以说董仲舒的思想特色是“天人一体”而非“天人分途”[1]，他的自然哲学与社会哲学都以同一种原则来解释，从思想的统一性来说，这是相当融贯而完整的。

二、《白虎通义》的相关论述

东汉建初四年（79年），汉章帝召集博士、儒生在白虎观讲议五经同

---

[1] 例如《春秋繁露·为人者天》说：“人之形体，化天数而成；人之血气，化天志而仁；人之德行，化天理而义；人之好恶，化天之暖清；人之喜怒，化天之寒暑；人之受命，化天之四时；人生有喜怒哀乐之答，春秋冬夏之类也。喜，春之答也；怒，秋之答也；乐，夏之答也；哀，冬之答也。天之副在乎人，人之情性有由天者矣。故曰受，由天之号也。……孝弟者，所以安百姓也。力者，勉行之身以化之。天地之数，不能独以寒暑成岁，必有春夏秋冬；圣人之道，不能独以威势成政，必有教化。故曰：先之以博爱，教以仁也；难得者，君子不贵，教以义也。虽天子必有尊也，教以孝也；必有先也，教以弟也。此威势之不足独恃，而教化之功不大乎！……故君民者，贵孝弟而好礼义，重仁廉而轻财利，躬亲职此于上，而万民听，生善于下矣。故曰：‘先王见教之可以化民也。’此之谓也。”《春秋繁露·王道通三》也说：“故四时之行，父子之道也；天地之志，君臣之义也；阴阳之理，圣人之法也。”这两段话都很好地说明了董仲舒“天人一体”的思想。

异，这是调和古文经学与今文经学，并吸收谶纬思想，以官方为背景支持的一次大型经学会议。会后，班固将儒生们讲议的结果集成一书，名为《白虎通义》（简称《白虎通》）。由于白虎观会议是由皇帝主持的一次涉及经学问题的讨论，所以它的成果已不单单是学术争论的总结，更加是国家意识形态整饬儒学资源，使儒学制度化的一次集结。关于父子关系，《白虎通义·三纲六纪》曰："父子者，何谓也？父者，矩也，以法度教子也，子者，孳也，孳孳无已也。"这与《广雅·释亲》"父者，矩也，以法度威严于子"的说法基本类似，都突出父子间的教养关系，而这也是儒家思想的通义，在此，《白虎通义》并没有太多突破。有所创新的地方在于，《白虎通义》将五行学说与家庭伦理关系作了一种具体细致的比较，这可以看作是在继承董仲舒思想基础上的精致化表达；对于为什么五行与人事之间能够进行这种比较，《白虎通义》与《春秋繁露》一样，都只是给出论断，而没有进行详细的解释与证明。也许这在当时是不证自明的，但以现代学术的眼光来看，这样武断的做法至少在说服效力上是不够成功的。还是让我们来看几个例子：

①君臣法天，取象日月屈信，归功天地。父子法地，取象五行转相生也。夫妇法人，取象人合阴阳，有施化端也。（《白虎通义·三纲六纪》）

②父母生子养长子何法？法水生木长大也。子养父母何法？法夏养长木，此火养母也。（《白虎通义·五行》）

③子顺父，妻顺夫，臣顺君，何法？法地顺天也。男不离父母何法？法火不离木也。（《白虎通义·五行》）

④父死子继何法？法木终火王也。（《白虎通义·五行》）

⑤子谏父，父不从，不得去者，父子一体而分，无相离之法。犹火去木而灭也。（《白虎通义·谏诤》）

⑥父为子隐何法？木之藏火也。子为父隐何法？法水逃金也。（《白虎通义·五行》）

从上引几段话中不难看出，对涉及父子之间的生养、继承、谏争关系还是儒家所谓“父子相隐”的传统，《白虎通义》一律都以五行各元素的分合聚散来加以解释，解释的前项被认为是受到认同的观念，解释的后项则是其五行论的根据，前后项之间仅仅具有一种隐约的关联性关系，而并不是有效的因果说明。所以，不太客气地说，《白虎通义》的解释方式至多可以算作一种隐喻式的联想，如果详细追究起来，它的学理根据是很成问题的。不过，这种以五行比附人事的传统在当时有着很大的势力，而且受到普遍的认同，这是由两汉思潮的大环境所决定的。

抛开《白虎通义》略显粗糙的论证模式不说，在儒学发展史上，它的主要成就是正式确立了三纲说的地位，这是讨论《白虎通义》所绕不开的话题。《白虎通义·三纲六纪》曰：“三纲者，何谓也？谓君臣、父子、夫妇也。六纪者，谓诸父、兄弟、族人、诸舅、师长、朋友也。故《含文嘉》曰：‘君为臣纲，父为子纲，夫为妻纲。’又曰：‘敬诸父兄，六纪道行，诸舅有义，族人有序，昆弟有亲，师长有尊，朋友有旧。’何谓纲纪？纲者，张也。纪者，理也。大者为纲，小者为纪，所以张理上下，整齐人道也。”将父子、君臣、夫妇三种最基本的伦理关系作一种主次、尊卑的安排，并明确提出“君为臣纲，父为子纲，夫为妻纲”。这是在汉代儒法合流大背景下出现的新提法，既在某种程度上反映出儒家对于人伦社会关系的看法，也适时满足了专制王朝整合伦理秩序，提升君权合法性的需求。[1]应该看到，三纲说是经过长期历史积淀而形成的，它不仅是统治者一厢情愿的要求，也有着深厚的社会心理基础。关于三纲说的

[1]《孟子·滕文公上》曰：“父子有亲，君臣有义，夫妇有别，长幼有序，朋友有信。”又，《礼记·哀公问》曰：“夫妇别，父子亲，君臣严。三者正，则庶务从之矣。”这是儒家对君臣父子夫妇关系的看法。《韩非子·忠孝》曰：“臣事君，子事父，妻事夫。三者顺则天下治，三者逆则天下乱，此天下之常道也。”这反映了法家的观点。要而言之，将父子、君臣、夫妇关系看作最重要的社会伦理关系，这是儒、法一致的地方，儒、法所不同之处在于是否将这三种关系理解为绝对性的义务，儒家对此有所保留，法家则认为应该如此。三纲说在某种程度上吸收了儒、法的思想资源，但在表达方式上更倾向于法家的立场，这是需要点明的。

正面价值，贺麟先生曾言：“三纲说的本质在于要求君不君，臣不可以不臣，父不父，子不可以不子，夫不夫，妇不可以不妇。换言之，三纲说要求臣、子、妇，尽片面的忠、孝、贞的绝对义务，以免于陷于相对的，循环报复，给价还价的不稳定的关系之中。……三纲说则将人对人的关系，转变为人对理，人对位分，人对常德的片面的绝对的关系。……唯有人人都能在他位分内，片面的尽他自己绝对的义务，才可以维持社会人群的纲常。……这就是三纲说的真义所在。”[1]同时，对于三纲说所反映的道德理想与西方思想家的理论有可相通的地方，又说：“就三纲说注重尽忠于永恒的理念或常德，而不是奴役于无常的个人言，包含有柏拉图的思想。就三纲说注重实践个人的片面的纯道德义务，不顾经验中的偶然情境言，包含有康德的道德思想。”[2]可见，三纲说的提出有其很大的思想、社会意义，至于它在后来的发展造成了很严重的负面影响，那是另外一个问题，不能以此来否定其出现的历史价值。

上面对于《春秋繁露》和《白虎通义》的讨论，反映了社会精英阶层在阴阳五行观念支配下对于孝道思想的一些新看法，下面，我们将稍稍转换一下视角，将目光移向社会下层，看看民间思想是如何谈论“孝”的。我们分析的文本是道教的早期经典《太平经》，它成书在东汉晚期，书中的思想基本反映了东汉中叶以来的民间信仰。首先，《太平经》将“孝”列为人类所有价值中最为重要的德性。“天下之事，孝为上第一，人所不及。积功累行，前后相承，无有所失。”[3]其次，天人感应的思想在《太平经》中占有很大比重，《太平经》之《六极六竟孝顺忠诀第一百五十一》、《忠孝上异闻诀第一百七十五》、《孝行神所敬诀第一百九十二》、《不孝不可久生诫第一百九十四》等篇集中论述了孝行可以感动上天，带来福瑞，而不孝的行为则遭受天谴的思想，这可以看作是民间朴素宗教观的一种表现。如《太平经》谈道：

---

[1] 贺麟：《哲学与哲学史论文集》，第369～370页，商务印书馆，1990年。

[2] 同上，第371页。

[3] 王明：《太平经合校》，第593页，中华书局，1960年。

①愚生闻，子不孝，则不能尽力养其亲；弟子不顺，则不能尽力修明其师道；臣不忠，则不能尽力共敬事其君。为此三行而不善，罪名不可除也。天地憎之，鬼神害之，人共恶之，死尚有余责于地下，名为三行不顺善之子也。[1]

②子不孝，弟子不顺，臣不忠，罪皆不与于赦。令天甚疾之，地甚恶之，以为大事，以为大咎也。鬼神甚非之，故为最恶下行也。[2]

③如学可为孝子，中学可为忠臣，终老学之，不中止不懈，皆可得度世。[3]

④故人生之时，为子当孝，为臣当忠，为弟子当顺，孝忠顺不离其身，然后死魂魄神精不见对也。[4]

⑤行孝之人，思成其功，功著名太上，闻帝廷，州郡所举，一朝被荣，是非孝所致耶？子孙承之，可竟无极之世。此念恩不忘，为天所善，天遣善神常随护，是孝所致也。……孝善之人，人亦不侵之也；侵孝善人，天为治之。……是天上孝善之人，使不逢灾害，人民师化，皆食养有顺之心，天不逆意也。是善尤善，孝忠尤孝，遂成之。[5]

上述文字都非常明白，用不着多加解释，《太平经》以天地鬼神的力量来劝导人们力行孝悌，并将报应的观念引入其中，以宗教化的手段实现宣扬孝道的目的，这对于规范民间信仰者的行为可能是很有效的做法。[6]

---

[1] 王明：《太平经合校》，第405～406页，中华书局，1960年。

[2] 同上，第406页。

[3] 同上，第408页。

[4] 同上，第408页。

[5] 同上，第592～593页。

[6] 关于孝行具有感动天地神明的力量，《孝经·感应章》有很明确的说法，其辞曰："昔者明王事父孝，故事天明；事母孝，故事地察；长幼顺，故上下治。天地明察，神明彰矣。故虽天子，必有尊也，言有父也；必有先也，言有兄也。宗庙致敬，不忘亲也；修身慎行，恐辱先也。宗庙致敬，鬼神著矣。孝悌之至，通于神明，光于四海，无所不通。《诗》云：'自西自东，自南自北，无思不服。'"

事实上，关于孝感天地，通于鬼神的例子在史传中也屡有记载[1]，其是否可靠另当别论，但这至少反映出汉代人心目中的天人感应现象是一种真实的存在，他们相信人事与天道在冥冥之中有着某种神秘的联系，这种幽灵般的力量始终令人疑惑不解。

[1]史传中这种例子很多，姑举三例以见一斑。

东海有孝妇，少寡，亡子，养姑甚谨，姑欲嫁之，终不肯。姑谓邻人曰："孝妇事我勤苦，哀其亡子守寡。我老，久累丁壮，奈何？"其后姑自经死，姑女告吏："妇杀我母。"吏捕孝妇，孝妇辞不杀姑。吏验治，孝妇自诬服。具狱上府，于公以为此妇养姑十余年，以孝闻，必不杀也。太守不听，于公争之，弗能得，乃抱其具狱，哭于府上，因辞疾去。太守竟论杀孝妇。郡中枯旱三年。后太守至，卜筮其故，于公曰："孝妇不当死，前太守强断之，咎党在是乎？"于是太守杀牛自祭孝妇冢，因表其墓，天立大雨，岁孰。（《汉书·隽疏于薛平彭传》）

孟尝字伯周，会稽上虞上也。其先三世为郡吏，并伏节死难。尝少修操行，仕郡为户曹史。上虞有寡妇至孝养姑。姑年老寿终，夫女弟先怀嫌忌，乃诬妇厌苦供养，加鸩其母，列讼县庭。郡不加寻察，遂结竟其罪。尝先知枉状，备言之于太守，太守不为理。尝哀泣外门，因谢病去，妇竟冤死。自是郡中连旱二年，祷请无所获。后太守殷丹到官，访问其故，尝诣府具陈寡妇冤诬之事。因曰："昔东海孝妇，感天致旱，于公一言，甘泽时降。宜戮讼者，以谢冤魂，庶幽枉获申，时雨可期。"丹从之，即刑讼女而祭妇墓，天应澍雨，谷稼以登。（《后汉书·循吏传》）

恽再迁长沙太守。先是，长沙有孝子古初，遭父丧未葬，邻人失火，初匍匐柩上，以身扞火，火为之灭。恽甄异之，以为首举。（《后汉书·郅恽传》）

第五节

“三年之丧”与汉代丧制

在上一章中，我们谈到三年之丧是儒家恪守孝道很重要的一条礼制原则，但儒家的这一理想在春秋战国时期并没有得到有力的贯彻。《孟子·滕文公上》记载：滕文公薨，世子听从孟子的意见欲行三年之丧，但遭到大臣们的极力反对，并说：“吾宗国鲁先君莫之行，吾先君亦莫之行也，至于子之身而反之，不可。”由此可见，连保存周礼最为完备的鲁国对于君主之死也不曾行三年之丧，当时礼制的颓败可想而知。进入汉代，对于是否应该恪守三年之丧的儒家礼制，朝野上下一直存在争议。这从一个侧面反映出儒家制度化过程中所遭遇的障碍，但从总的趋势看，三年之丧在社会上渐有推广之势，并渐为官方所表彰认可，这留待后面再做介绍，还是让我们先来了解汉代朝廷对于三年之丧的态度。

汉文帝临终之时，曾发布一道短丧的遗诏，这是对儒家三年之丧的一次否定，因其在后世有很大的影响，兹引之如下：

后七年（前157年）六月己亥，帝崩于未央宫。遗诏曰：“朕闻盖天下万物之萌生，靡不有死。死者天地之理，物之自然者，奚可甚哀。当今之时，世咸嘉生而恶死，厚葬以破业，重服以伤生，吾甚不取。且朕既不德，无以佐百姓；今崩，又使重服久临，以离寒暑之数，哀人之父子，伤长幼之志，损其饮食，绝鬼神之祭祀，以重吾不德也，谓天下何！朕获保宗庙，以眇眇之身托于天下君王之上，二十有余年矣。赖天地之灵，社稷之福，方内安宁，靡有兵革。朕既不敏，常畏过行，以羞先帝之遗德；维年之久长，惧于不终。今乃幸以天年，得复供养于高庙。朕之不明与嘉之，其奚哀悲之有！其令天下吏民，令到出临三日，皆释服。毋禁取妇嫁女祠祀饮酒食肉者。自当给丧事服临者，皆无践。绖带无过三寸，毋布车及兵器，毋发民男女哭临宫殿。宫殿中当临者，皆以旦夕各十五举声，礼毕罢。非旦夕临时，禁毋得擅哭。已下，服大红十五日，小红十四日，纤七日，释服。佗不在令中者，皆以此令比率从事。布告天下，使明知朕意。”（《史记·孝文本纪》）

文帝的这道诏书，概括起来有两方面的内容，一是说明短丧的原因，二是对短丧作出具体的规定。关于原因，主要有以下几点：一、生死乃自然之理，无须过度悲哀；二、厚葬破业，重服伤生，故甚不可取；三、重服久临，给民众生活带来不便。关于短丧的细节，也有以下几点：一、出临三日，即可释服；二、举丧期间，民众嫁娶饮食一仍如常，不必受到影响；三、丧葬仪式一律从简；四、下葬后，不服三年丧，丧期改为三十六日。文帝之所以发布这道短丧的诏书，一方面与汉代初期国力虚弱的状况有关，另一方面因为文帝本不好儒术，推崇黄老之学，故而儒家的礼制规定并未受到重视。[1]但到了武帝之后，由于儒学的地位日渐上升，故朝廷对于三年之丧的态度也开始发生变化。《汉书·宣帝纪》载：

地节元年（前69年）诏曰：“导民以孝，则天下顺。今百姓或遭衰绖凶灾，而吏繇事，使不得葬，伤孝子之心，联甚怜之。自今诸有大父母

[1] 文帝的这道诏书在后世有很大的影响，《汉书·翟方进传》：“（方进）身既富贵，而后母尚在，方进内行修饰，供养甚笃。及后母终，既葬三十六日，除服起视事，以为身备汉相，不敢逾国家之制。”师古曰：“汉制自文帝遗诏之后，国家遵以为常。大功十五日，小功十四日，缌麻七日。方进自以大臣，故云不敢逾制。”翟方进不敢逾制为母服三年丧，这已经是成帝时的事，可见文帝遗诏仍在发挥作用。而《后汉书·礼仪下》也记载：“故事：百官五日一会临，故吏二千石、刺史、在京都郡国上计掾史皆五日一会。天下吏民发丧临三日。先葬二日，皆旦晡临。既葬，释服，无禁嫁娶、祠祀。佐史以下，布衣冠帻，绖带无过三寸，临庭中。武吏布绖大冠。大司农出见钱谷，给六丈布直。以葬，大红十五日，小红十四日，纤七日，释服。部刺史、二千石、列侯在国者及关内侯、宗室长吏及因邮奉奏，诸侯王遣大夫一人奉奏，吊臣请驿马露布，奏可。”引文中的“故事”，据刘昭注，即指文帝的短丧诏所定丧制，可见，东汉官方仍遵循这一规定，以为定制。

（即祖父母）、父母丧者勿繇事，使得收敛送终，尽其子道。”

这是朝廷对有丧服在身的民众不必从事徭役的一种宽厚政策，但对于丧期的时限并没有做出具体的说明。到了哀帝时，又规定：“博士弟子父母死，予宁三年。”颜师古注曰：“宁谓归家持丧服。”（《汉书·哀帝纪》）这时，朝廷对博士弟子持三年之丧已经给予了制度上的支持。至西汉末年，王莽当政，托古改制之风大倡，而三年丧制也开始大行其道。《汉书·王莽传》载：

平帝崩，大赫天下。莽征明礼者宗伯凤等与定：天下吏六百石以上，皆服丧三年。

又：

九月，莽母功显君死，意不在哀，……而令新都侯宗为主，服丧三年云。

又：

五年二月，文母皇太后崩。……莽为太后服丧三年。

王莽带头亲自服丧，这显然是对文帝短丧之制的一种否定，也说明儒家三年之丧的理想在国家层面上正式得到了贯彻。不过，这种局面并没有维持多久，新莽政权失败之后，光武登基，刘秀临终遗诏又规定：“朕无益百姓，皆如孝文皇帝制度，务从约省。”（《后汉书·光武帝纪下》）于是，三年之丧又被废止了。

东汉时期，关于官员是否应当去职为父母服丧的讨论更加激烈。朝廷在不同态度间的转变也更加频繁。在遵循文帝短丧的祖制与儒家丧制三年的传统之间存在着矛盾冲突，究竟以何者为先，则不同朝臣集团各有不同的理解，这以安帝一朝的斗争最为明显；而最高权力者要在这样充满争议的话题上做决断，也显得进退失据，无所适从，于是，官方的态度就只能摇摆于暧昧之间。《后汉书·孝安帝纪》载："元初三年（116年）十一月丙戌，初听大臣二千石、刺史行三年丧。"同书《刘恺传》对此事的来龙去脉则记载更详，曰：

旧制，公卿、二千石、刺史不得行三年丧，由是内外众职并废丧礼。元初中，邓太后诏长吏以下不为亲行服者，不得典城选举。时，有上言牧守宜同此制，诏下公卿，议者以为不便。恺独议曰："诏书所以为制服之科者，盖崇化厉俗，以弘孝道也。今刺史一州之表，二千石千里之师，职在辩章百姓，宣美风俗，尤宜尊重典礼，以身先之。而议者不寻其端，至于牧守则云不宜，是犹浊其源而望流清，曲其形而欲景直，不可得也。"太后从之。

由上述材料可见，元初三年，朝廷认可了刘恺的建议，大臣得行三年之丧，但时隔五年之后，此事再起波澜，据《后汉书·陈忠传》：

至建光中，尚书令祝讽、尚书孟布等奏，以为："孝文皇帝定约礼之制，光武皇帝绝告宁之典，贻则万世，诚不可改。宜复建武故事。"忠上疏曰："臣闻之《孝经》，始于爱亲，终于哀戚。上自天子，下至庶人，尊卑贵贱，其义一也。夫父母于子，同气异息，一体而分，三年乃免于怀抱。先圣缘人情而著其节，制服二十五月，是以《春秋》臣有大丧，君三年不呼其门。……高祖受命，萧何创制，大臣有宁告之科，合于致忧之义。……大臣终丧，成乎陛下。圣功美业，靡以尚兹。"……宦竖不便之，竟寝忠奏而从讽、布议，遂著于令。

由于祝讽、孟布"绝告宁之典"的建议受到宦官集团的支持，陈忠为行三年之丧的辩护最终并未被采纳，于是，建光元年（121年）十一月庚子，“复断大臣二千石以上服三年丧”（《后汉书·孝安帝纪》）。

至桓帝一朝，朝廷关于三年丧制的态度也是反反复复。《后汉书·赵岐传》曰：“永兴二年（154年），辟司空掾。议二千石得去官为亲行服，朝廷从之。”又，“永寿二年（156年）春正月，初听中官得行三年服”（《后汉书·孝桓帝纪》）。注曰：“中官，常侍以下。”可是几年之后，也就是延熹二年（159年），“复断刺史两千石行三年丧”。对此，荀爽以对策讥之：

延熹九年（166年），太常赵典举（荀）爽至孝，拜郎中。对策陈便宜曰：“臣闻之于师曰：‘汉为火德，火生于木，木盛于火，故其德为孝。’……故汉制使天下诵《孝经》，选吏举孝廉。夫丧亲自尽，孝之终也。今之公卿及二千石，三年之丧，不得即去，殆非所以增崇孝道而克称火德者也。往者孝文劳谦，行过乎俭，故有遗诏以日易月。此当时之宜，不可贯之万世。古今之制虽有损益，而谅闇之礼未尝改移，以示天下莫遗其亲。今公卿群寮皆政教所瞻，而父母之丧不得奔赴。夫仁义之行，自上而始；敦厚之俗，以应乎下。传曰：‘丧祭之礼阙，则人臣之恩薄，背死忘生者众矣。’曾子曰：‘人未有自致者，必也亲丧乎！’《春秋传》曰：‘上之所为，民之归也。’夫上所不为而民或为之，故加刑罚；若上之所为，民亦为之，又何诛焉？昔丞相翟方进，以自备宰相，而不敢逾制。至遭母忧，三十六日而除。夫失礼之源，自上而始。古者大丧三年不呼其门，所以崇国厚俗笃化之道也。事失宜正，过勿惮改。天下通丧，可如旧礼。”（《后汉书·荀爽传》）

荀爽引经据典，论证三年之丧乃增崇孝道之本，建议朝廷将之列为天下通丧；不过，对策上奏后，荀爽即辞官而去。文中的建议是否被采纳也就不得而知了。

从以上讨论中，我们发现汉代朝廷对于三年之丧的态度时有变动，而短丧的要求实际上也仅针对高级官员，对于一般官员及民众的守丧期限，并未有严格的限制。事实上，从史传的记载来看，汉代成哀以后，由于儒家观念深入人心，世行三年之丧者已逐渐增多[1]，甚至有官员不服三年丧也成为被弹劾的理由，[2]而为了弘扬孝道，砥砺名节，朝廷对此也持鼓励、褒扬的态度，杨树达《汉代婚丧礼俗考》辑录了很多这方面的材料，杨天宇的论文《略论汉代的三年丧》也对此言之甚详，[3]如：

①成帝建始元年，复立元弟上郡库令良，是为河间惠王。良修献王之行，母太后薨，服丧如礼。哀帝下诏褒扬曰："河间王良，丧太后三年，为宗室仪表，其益封万户。"（《汉书·河间献王传》）

②刘茂字子卫，太原晋阳人也。少孤，独侍母居。家贫，以筋力致养，孝行著于乡里。及长，能习《礼经》，教授常数百人。哀帝时，察孝廉，再迁五原属国侯，遭母忧去官。服竟后为沮阳令。（《后汉书·独行列传》）

③（原）涉父哀帝时为南阳太守。……时又少行三年丧者。及涉父死，让还南阳赙送，行丧冢庐三年，由是显名京师。礼毕，扶风谒请为议曹，衣冠慕之辐辏。（《汉书·游侠列传》）

④（期）父猛，为桂阳太守，卒，期服丧三年，乡里称之。（事在西汉末年，《后汉书·姚期传》）

⑤郅恽字君章，汝南西平人也。年十二失母，居丧过礼。（事在西汉末年，《后汉书·郅恽传》）

史传中类似的记载还有很多，限于篇幅，这里就不一一列举了。到东

[1] 武帝时，服三年丧的例子尚不多见，《汉书·公孙弘传》载："（公孙弘）养后母孝谨，后母卒，服丧三年。"这是仅见的例子。

[2] 如《汉书·薛宣传》记载：哀帝初即位，博士申咸给事中，亦东海人也，毁宣不供养行丧服，薄于骨肉，前以不忠孝免，不宜复列封侯在朝省。

[3] 杨树达：《汉代婚丧礼俗考》，第237～268页，上海文艺出版社，1988年。杨天宇的论文载于《郑州大学学报》（哲学社会科学版），2002年9月第35卷第5期。

汉时，为亲服丧三年的例子就更多，朝廷依然对之褒奖如故，[1]而限制这种行为的例子却不见于史书的记载，这说明官方已认可了三年之丧的实践意义。于是，社会上守丧服制的现象也就渐渐普及，而一些人为了邀名钓利，甚至出现了服制虚伪化的现象，最极端的例子要算桓帝时的赵宣，据《后汉书·陈蕃传》载：

民有赵宣葬亲而不闭埏隧，因居其中，行服二十余年，乡邑称孝，州郡数礼请之。郡内以荐蕃，蕃与相见，问其妻子，而宣五子皆服中所生。蕃大怒曰："圣人制礼，贤者俯就，不肖企及。且祭不欲数，以其易黩故也。况及寝宿冢藏，而孕育其中，诳时惑众，诬污鬼神乎？"遂致其罪。

这个例子固然荒唐，但也从一个侧面反映出东汉时的社会风气是如何崇尚为亲服丧之人，否则赵宣也用不着"行服二十余年"来做这种令人啼笑皆非的蠢事。

[1] 东汉为亲服丧三年的例子很多，举四例如下。《后汉书·韦彪传》："彪孝行纯至，父母卒，哀毁三年，不出庐寝。服竟，羸瘠骨立异形，医疗数年乃起。"（事在光武初年）《后汉书·廉范传》："廉范字叔度，京兆杜陵人也，……范父遭丧乱，客死于蜀汉，范遂流寓西州。西州平，归乡里。年十五，辞母西迎父丧。……归葬服竟，诣京师受业，事博士薛汉。"（事在光武时）《后汉书·江革传》："江革字次翁，齐国临淄人也。少失父，独与母居。……及母终，至性殆灭，尝寝伏冢庐，服竟，不忍除。郡守遣丞掾释服，因请以为吏。"（事在光武时）《后汉书·刘赵淳于江刘周赵传》："安帝时，汝南薛包孟尝，好学笃行，丧母，以致孝闻。及父娶后妻而憎包，分出之，包日夜号泣，不能去，至被殴杖。不得已，庐于舍外，旦入而洒扫，父怒，又逐之。乃庐于里门，昏晨不废。积岁余，父母惭而还之。后行六年服，丧过乎哀。"

而朝廷褒奖行三年之丧的例子也不少，如：安帝时，东平孝王刘敞"丧母至孝，国相陈珍上其行状。永宁元年，邓太后增邑五千户，又封苍孙二人为亭侯"（《后汉书·东平宪王苍传》）。顺帝时，东海孝王刘臻及其弟刘俭为母服三年，"顺帝美之"，特制诏褒奖曰："东海王臻以近蕃之尊，少袭王爵，膺受多福，未知艰难，而能克己率礼，孝敬自然，事亲尽爱，送终竭哀，降仪从士，寝苫三年。和睦兄弟，恤养孤弱，至孝纯备，仁义兼弘，朕甚嘉焉。夫劝善厉俗，为国所先。曩者东平孝王敞兄弟行孝，丧母如礼，有增户之封。诗云：'永世克孝，念兹皇祖。'今增臻封五千户，俭五百户，光启土宇，以酬厥德。"（《后汉书·东海恭王彊传》）

通过上面的考察，我们可以得出结论：尽管汉代官方对于服丧三年的政策屡有调整，但这仅限于对高级官吏的约束，而实际的情况是，这种政策上的规定并没有被有效地实践，并且一般而言，官方对于能够守丧服制的人大多采取褒奖的态度。所以总的看来，汉代行三年之丧的现象呈现逐渐增多的趋势。先秦儒家的理想在经历历史的浮沉之后，最终落实于汉代人的实践之中，这不能不说是观念的力量在默默发挥着影响力的又一个显著例证。

第三章 法律文化视野下的父子关系

上面两章，我们分别从观念与制度的层面探讨了儒家孝道的思想与实践，在本章中，我们将从法律文化的视角切入，考察历代法典中关于『孝』与『不孝』的论述。尽管一般研究法律史的学者认为，『在中国，普通人对这类伦理规范的认识及接受主要不是通过正式制定的法律制度，而是通过习惯和礼仪的普遍作用来完成』[1]。这也就是说，中国的传统社会主要是依照礼俗而不是靠法律来治理，但这并非说明法律在国家政治、社会生活中是无足轻重的。事实上，中国的法律体系具有很强烈的伦理色彩，从汉代中期开始就强烈吸收儒家观念，援礼入法的现象十分普遍，『刑罚成为推行德和礼教的手段，古人所谓「明刑弼教」，实质上即以法律制裁来推行礼教，维护伦常』[2]。这也就是说，在传统社会，法律与伦理之间的界限并不很清晰，而法律的主要目的在于『维持政治、社会秩序，主要是维护君权、巩固中央集权的专制主义，维护父权和夫权，维护家族主义』[3]。故而我们在这里考察法律条文中关于父子关系的规定，所得之结论也从一个侧面反映出传统社会的礼教纲常对社会生活的影响之深且巨，其在法律领域的渗透只能更加鲜明地印证这一点。

---

[1] D.布迪、C.莫里斯：《中华帝国的法律》，第3页，江苏人民出版社，1995年。

[2] 瞿同祖：《瞿同祖法学论著集》，第402页，中国政法大学出版社，1998年。

[3] 同上，第403页。

第一节

秦汉法律中的父子关系

在中国传统的刑律中，“不孝”被认为是最重大的罪行之一。《周礼·地官司徒》以不孝为乡八刑之一。[1]《公羊传·文公十六年》何休注曰：“无尊上、非圣人、不孝者，斩首枭之。”[2]《孝经·五刑章》曰：“五刑之属三千[3]，而罪莫大于不孝。要君者无上，非圣人者无法，非孝者无亲。此大乱之道也。”可见，不孝作为罪名有着古老的渊源；而自秦汉以来，历代法典也对此有着严厉的惩戒措施，这在某种程度上体现了父权社会对于父子关系的一种国家意志，为各种传统形态的社会所共有，并不见得与某一种思想学说有特定的关联；但后来随着儒家观念的意识形态化与民间化，这种法律的特色又被强化了。中国法律的儒家化经历了十分复杂的演变，但大体说来，秦汉时期的法律尚保留有法家色彩，但汉武帝以后，法律的儒家化趋势已渐开其端，但若论及儒家思想系统渗透到律典中，则可以说是自魏、晋开始，而北魏尤其是一大关键，经南北朝已大体完成，不待隋、唐始然。[4]但由于唐以前的法典大多不存于今日，故这为

[1] 原文为：“以乡八刑纠万民：一曰不孝之刑，二曰不睦之刑，三曰不姻之刑，四曰不弟之刑，五曰不任之刑，六曰不恤之刑，七曰造言之刑，八曰乱民之刑。”

[2]《十三经注疏》，第2275页，中华书局，1980年。

[3]《尚书·吕刑》：“墨罚之属千。劓罚之属千，剕罚之属五百，宫罚之属三百，大辟之罚其属二百。五刑之属三千。”按：墨刑，又称黥刑，指在脸上或身上刺字涂矾，使见之者知其为犯人；劓罚，指割掉鼻子；剕罚，又称刖刑，膑刑，是断足之刑；宫罚，又称腐刑，即割掉男性生殖器，对女子用重击使其子宫脱垂的刑罚；大辟，指死刑。按照《尚书·吕刑》的说法，处以五刑的罪行合计为三千条，但详细的情况已无从考证。

[4] 瞿同祖：《中国法律的儒家化》，《瞿同祖法学论著集》，第361~381页，中国政法大学出版社，1998年。

我们的讨论设置了障碍。20世纪后期，睡虎地秦墓竹简与张家山汉简《二年律令》的发现，为我们提供了秦汉法律中的一些信息。故本节以此为文本，讨论秦汉法律的相关规定，从中管窥法家视域中对父子关系的一般看法，下一节则集中探讨唐律中“不孝”罪，而此时的律典已渗入了浓厚的儒家观念。

首先，值得注意的是，睡虎地秦简中已正式将“不孝”作为罪状而加以提出，秦简中有下面一条规定：

> 免老告人以为不孝，谒杀，当三环之不？不当环，亟执勿失。[1]

按照秦简整理小组的注释，“免老，六十岁以上的老人”；“谒杀”，指要求判处死刑。“三环”的意思则比较复杂，据睡虎地秦墓竹简整理小组的意见：“环，读为原，宽宥从轻。古时判处死刑有‘三宥’的程序，见《周礼·司刺》。《三国志·张鲁传》有‘犯法者，三原然后乃行刑’，可参考。”因此，整理小组解“三环”为“三次原宥的手续”。按，《周礼·司刺》：“司刺掌三刺，三宥，三赦之法，以赞司寇听狱讼。……一宥曰不识，再宥曰过失，三宥曰遗忘。”其中，“不识”例如“若今仇雠当报甲，见乙，诚以为甲而杀之者”。“过失”例如“若举刃欲斫伐，而轶中人者”。“遗忘”例如“若间帷薄，忘有在焉，而以兵矢投射之”[2]。而秦简中的“三环”，显然不属于“不识”、“过失”或“遗忘”这三种情况中的任何一种。故整理小组解“三环”为“三宥”可能并不确当。钱大群提出，“环”当“却”讲，“三环”就是“三还”，也就是“三却”——三种拒绝受理的制度即“州告”、“家罪”、“非公室告”。[3]故这段话的意思是：六十岁以上的老人控告不孝，要求判以死

[1]《睡虎地秦墓竹简》之《法律答问》，第195页，文物出版社，1978年。
[2]孙诒让：《周礼正义》，第2842页，中华书局，1987年。
[3]钱大群：《秦律“三环”论》，《南京大学学报》1988年第2期。

刑，是否属于三种拒绝受理的控告，如果不属于，要立即逮捕，勿令逃走。[1]而这种解释被一些学者认为是不正确的，如张家山汉简《二年律令》中有关于“三环”的规定：“年七十以上告子不孝，必三环之。三环之各不同日而尚告，乃听之。”[2]从上下文的语义来看，这里的“三环”指“官府要三次阻拦‘免老’者告状，如果后者仍不肯罢休，官府才予以受理。”[3]从秦汉法律术语沿袭承接的角度来看，睡虎地秦简中的“三环”也应作如是观。无论如何，抛开这一细节不说，从这两条律文可见，秦汉法律中对于“不孝”都有严厉的惩罚，这一点应该是没有疑问的。另外，睡虎地秦简《封诊式》中保留了两份父亲控告亲子不孝的例子：

①䙴（迁）子　爰书：某里士五（伍）甲告曰：“谒鋈亲子同里士五（伍）丙足，䙴（迁）蜀边县，令终身毋得去䙴（迁）所，敢告。”告法（废）丘主：士五（伍）咸阳才（在）某里曰丙，坐父甲谒鋈其足，䙴（迁）蜀边县，令终身毋得去䙴（迁）所论之，䙴（迁）丙如甲告，以律包。今鋈丙足，令吏徒将传及恒书一封诣令史，可受代吏徒，以县次传诣成都，成都上恒书太守处，以律食。法（废）丘已传，为报，敢告主。[4]

②告子　爰书：某里士五（伍）甲告曰：“甲亲子同里士五（伍）丙不孝，谒杀，敢告。”即令令史己往执。令史己爰书：与牢隶臣某执丙，得某室。丞某讯丙，辞曰：“甲亲子，诚不孝甲所，毋（无）它坐罪。”[5]

从官方对不孝子的最终处理结果来看，一为断足流边，一为处以死

---

[1]曹旅宁：《秦律初探》，第77页，中国社会科学出版社，2002年。

[2]同上，第39页。

[3]对于“三环”这一概念的详细讨论，见朱红林：《张家山汉简〈二年律令〉集释》，第41~43页，社会科学文献出版社，2005年。

[4]《睡虎地秦墓竹简》，第261～262页，文物出版社，1978年。

[5]同上，第263页。

刑。可见，一旦父告子不孝，所带来的后果将是很严重的，而法律对不孝罪的惩处力度也极其强烈。

众所周知，秦律的制定基本上反映了法家的精神。张家山汉简《二年律令》是记录汉初截至吕后二年（前186年）西汉政府陆续颁行的法令，其基本面貌也继承了秦律的特色，这时儒家观念尚未开始影响法律的制定，在这种情况下，“不孝”已经被作为一项重罪来处理，这只能说明保障父权的地位并非属儒家所专有，而是传统专制王朝所坚持的一种基本原则。在第一章中我们已经指出，法家站在维护君权与国家利益的立场，对于有害公共秩序的伦理道德，一律采取打击的态度，但从上述秦律的规定来看，当“孝”的要求与公共秩序不发生冲突的时候，则法家也要在一定程度上肯定孝的价值，而对不孝之徒给予法律上的严惩。另外，家长也有自行处分子孙的权利，对此国家一般并不干涉。如秦律中对于不涉及公共利益而仅限于家庭内部亲属之间侵犯的案件，特别作出了“非公室告”的规定，以与“公室告”相区别：

①“公室告”［何］殴（也）？“非公室告”可（何）殴（也）？贼杀伤、盗它人为“公室”；子盗父母，父母擅杀、刑、髡子及奴妾，不为“公室告”。[1]

②“子告父母，臣妾告主，非公室告，勿听。”可（何）谓“非公室告”？主擅杀、刑、髡其子、臣妾，是谓“非公室告”，勿听。而行告，告者罪。告［者］罪已行，它人有（又）袭其告之，亦不当听。[2]

所谓“公室告”，指的是杀伤或盗窃他人，因为涉及对公共秩序的破坏，这时国家公权力要介入处理；而“非公室告”，则只是家庭内部成员间的侵害行为，如“子盗父母，父母擅杀、刑、髡子及奴妾”之类，对

[1]《睡虎地秦墓竹简》，第195页，文物出版社，1978年。
[2]同上，第196页。

此，国家不予受理，而告者有罪。汉律继承这一规定，不过对于卑幼控告尊长的行为处置力度又有所加重，《二年律令·告律》曰："子告父母，妻告威公，奴婢告主、主父母妻子，勿听，而弃告者市。"[1]此外，法律又有"家罪"之说：

①"家人之论，父时家罪殹（也），父死而浦（甫）告之，勿听。"可（何）谓"家罪"？"家罪"者，父杀伤人及奴妾，父死而告之，勿治。[2]

②可（何）谓"家罪"？父子同居，杀伤父臣妾、畜产及盗之，父已死，或告，勿听，是胃（谓）"家罪"。[3]

可见，凡涉及"家罪"的情形，官府也是一概不予受理。不过，秦律中的一些规定似乎又与此相矛盾，即家长擅杀子并非为国家所听任，如：

①"擅杀子，黥为城旦舂。其子新生而有怪物其身及不全而杀之，勿罪。"今生子，子身全殹（也），毋（无）怪物，直以多子故，不欲其生，即弗举而杀之，可（何）论？为杀子。[4]

②士五（伍）甲毋（无）子，其弟子以为后，与同居，而擅杀之，当弃市。[5]

③"擅杀、刑、髡其后子，谳之。"可（何）谓"后子"？官其男为爵后，及臣邦君长所置为后大（太）子，皆为"后子"。[6]

按照上面的律文，本来"擅杀子"属"非公室告"，国家是不予过问

[1] 朱红林：《张家山汉简〈二年律令〉集释》，第100页，社会科学文献出版社，2005年。

[2]《睡虎地秦墓竹简》，第197页，文物出版社，1978年。

[3] 同上，第198页。

[4] 同上，第181页。

[5] 同上，第181～182页。

[6] 同上，第182页。

的，但这三条律文似乎又说明，除了擅杀生理有残缺的新生子外，其余擅杀子的情形都要被治罪。[1]如何解释这种不一致的规定？于振波认为，“如果我们把这里的‘告者’与‘它人’理解为家庭中的子女及奴婢，法律禁止他们对家长的‘非公室告’行为提出控告，以维护家长在家庭中的地位，同时又允许家庭以外的人检举告发，使官府能够对有‘非公室告’行为的人处以较普通人之间的同类侵害行为轻的惩罚，以限制家长滥用权力，从而维护国家机器的权威，这样一来，上述矛盾就不复存在了。”[2]这也就是说，虽然秦律不允许子女控告父母的杀伤行为，但并不禁止家庭成员以外的人控告发生在家庭中的暴力案件，而法律对此仍保有惩处的权力，这样的解释似乎能够回答我们提出来的疑虑。可见，秦律尽管承认家长有处分子女的权利，但对于这种权利有一定的限制；对于比较严重的行为如“擅杀子”之类，则不在法律的保障之列。不过，法律对“擅杀子”的处分是比较轻的，仅“黥为城旦舂”。张家山汉简也规定：“父母殴笞子及奴婢，子及奴婢以殴笞辜死，令赎死。”[3]对于父母伤害子女的行为，法律允许赎刑，也算是从轻处罚；而子女一旦杀伤父母则后果严重得多，张家山《二年律令》对此有很详细的说明：

①子贼杀伤父母，奴婢贼杀伤主、主父母妻子，皆枭其首市。[4]

②子牧杀父母，殴詈泰父母、父母叚（假）大母、主母，后母及父母告子不孝，皆弃市。……教人不孝，黥为城旦舂。[5]

---

[1]《白虎通义·诛伐》称：“父煞其子当诛何？以为‘天地之性人为贵’，人皆天所生也，托父母气而生耳。王者以养长而教之，故父不得专也。”这说明，父权的应用有一定的限度，对于擅杀子的行为，并不能得到法律的许可。

[2]于振波：《从“公室告”与“家罪”看秦律的立法精神》，载《湖南大学学报》（社会科学版），2005年9月第19卷第5期。

[3]朱红林：《张家山汉简〈二年律令〉集释》，第44页，社会科学文献出版社，2005年。

[4]同上，第38页。

[5]同上，第39页。

③妇贼伤、殴詈夫之泰父母、父母、主母、后母，皆弃市。[1]

④贼杀伤父母，牧杀父母，欧（殴）詈父母，父母告子不孝，其妻子为收者，皆锢，毋令父母得以爵偿、免除及赎。[2]

从这几条律文看，杀伤父母要被弃市，即便是殴詈父母，也要被处以极刑，并且妻子要连坐；与此同时，《二年律令·告律》还规定：“杀伤大父母、父母及奴婢杀伤主、主父母妻子，自告者皆不得减。”[3]也就是说，杀伤父母是严重的罪行，即使有自首情节也不能从轻处罚。同样是亲属间的侵犯行为，法律对待尊长与卑幼不同的主体处置的轻重各异，这不能不说是传统社会等级观念与家长制在法律层面上的集中体现。除了杀伤行为，汉代史传中的一些例子也说明，不孝罪还涉及不供养父母，在亲丧期间作乐，服丧不哀等情形，如：

又王（梁平王）及母陈太后事李太后（梁平王祖母）多不顺。有汉使者来，李太后欲自言，王使谒者中郎胡等遮止，闭门。李太后与争门，措指，太后啼呼，不得见汉使者。……后病薨。病时，任后未尝请疾；薨，又不侍丧。元朔中，……天子下吏验问，有之。公卿治，奏以为不孝，请诛王及太后。天子曰：“首恶失道，任后也。朕置相吏不逮，无以辅王，故陷不谊，不忍致法。”削梁王五县，夺王太后汤沐成阳邑，枭任后首于市。（《汉书·文三王传》）

常山宪王之子刘勃遇父病重，“医进药，太子勃不自尝药，又不宿留侍疾。及王薨，……太子勃私奸、饮酒、博戏、击筑，与女子载驰，环城过市，入狱视囚”（《汉书·景十三王传》）。这些不孝行为被有司告

[1]朱红林：《张家山汉简〈二年律令〉集释》，第45页，社会科学文献出版社，2005年。

[2]同上，第43页。

[3]同上，第99页。

发，依律当诛，后皇帝开恩，但仍被流放。

又有："元帝诏列侯举茂材，勃举汤。汤待迁，父死不奔丧，司隶奏汤无循行，……汤下狱论。"（《汉书·陈汤传》）

另据《汉书·王尊传》记载：

（元帝初元年间）美阳女子告假子不孝，曰："儿常以我为妻，妒笞我。"尊闻之，遣吏收捕验问，辞服。尊曰："律无妻母之法，圣人所不忍书，此经所谓造狱者也。"尊于是出坐廷上，取不孝子县磔著树，使骑吏五人张弓射杀之。

这条史料说明，即便是养父母告子不孝，也享有与亲生父母同样的权利，而被告者最终被"射杀之"，这固然与其以母为妻的做法大乱人伦有关，但王尊对之处以如此严厉的刑罚，也表明法律对"不孝"的罪名向来是惩治颇重的。

不过，至西汉中期，汉代司法实践中出现了一种特殊的审判方式，即以董仲舒发端的"春秋决狱"，其实质内容是以儒家经典中的"微言大义"作为依据来处理政治和司法问题。[1]这种审判活动对于涉及儒家纲常伦理的犯罪行为，并不完全按照法律条文来断案，而是根据《春秋》的义理进行审判，从实践效果来看，其对犯罪行为的解释伸缩程度极大，定罪的标准不是客观的事实，而是看犯罪者的主观动机，即所谓"原心定罪"。从现在保留下来的春秋决狱的案例来看，[2]这种审判方式灵活机

[1]《晋书·刑法志》说："凡为驳议者，若违律令节度，当合经传及前比故事，不得任情以破成法。"意即对政治、司法问题的意见不符合法律规定时，该意见如果符合儒家经义则可，否则不可。也就是说，可以儒家经义来处理政治和法律上的疑难问题。可见，经义决狱的传统有着深远的影响。

[2]《后汉书·应劭传》说："故胶西相董仲舒老病致仕，朝廷每有政议，数遣廷尉张汤亲至陋巷，问其得失，于是作《春秋决狱》二百三十二事，动以经对，言之详矣。"但《春秋决狱》佚失已久，现在仅残留一些例子保存在《通典》与《太平御览》的零星记载中。

变，有一定的合理性，下面是两个与本文讨论主题有关的例子：

①甲父乙与丙争言相斗，丙以佩刀刺乙，甲即以杖击丙，误伤乙，甲当何论？或曰殴父也，当枭首。议曰：臣愚以父子至亲也，闻其斗，莫不有怵怅之心，扶伏（杖）而救之，非所以欲诟父也。《春秋》之义，许止父病，进药于，其父而卒，君子原心，赦而不诛。甲非律所谓殴父也，不当坐。[1]

②甲有子乙以乞丙，乙后长大而丙所成育。甲因酒色谓乙曰："汝是吾子。"乙怒，杖甲二十。甲以乙本是其子，不胜其忿，自告县官。仲舒断之曰："甲生乙，不能长育以乞丙，于义以绝矣！虽杖甲，不应坐。"[2]

上述两例，如果按照法律条文来判，都属于殴父行为，是大不孝，当枭首，但董仲舒以春秋断狱，都对被告采取宽宥的判决，第一条的理由是"君子原心，赦而不诛"，第二条的理由是于义以绝，不应坐。从司法实践的角度讲，这种判决结果更多地考虑了人情因素，并且赋予其儒家义理的正当性，似乎更合乎情理。而这两个例子在某种程度上说明，经义决狱也就意味着法外开恩，尽管"不孝"的行为在正式的律文中要接受严惩，但由于具体的个案情形十分复杂，法条不可能对所有情况都作出巨细无遗的规定；而有了经义决狱的形式，正可以弥补法条僵硬缺乏弹性的弱点，其实践价值是应该得到充分肯定的。

---

[1]《太平御览》卷六百四十，第2868页，中华书局，1960年。
[2]《通典》卷六十九，第1911页，中华书局，1988年。

第二节

历代律典中的“不孝”罪：以《唐律疏议》为中心

上一节我们讨论了秦汉律法中关于“不孝”罪的一些规定，概括地说，尽管法律对不孝罪的惩治很重，但对于不孝涉及的内容律文中并没有详细的说明，且限于现存睡虎地秦墓竹简与张家山汉简都只是记录当时律法的零星资料，完整的秦律与汉律佚失已久，故想要全面地清理秦汉律法中涉及调整父子关系与维护孝道的法律内容，有着相当的难度。不过，从上述讨论中，我们仍可以大致看出：“孝”的规训已为国家法律所正式承认，且从秦到汉，国家对于打击“不孝”的行为一直采取不遗余力的态度，这说明“孝”作为一种伦理价值，已受到普遍的推崇。上面说过，尽管秦汉法律的精神基础仍然是以法家为主，但维护父权是传统专制王朝所持守的基本取向，从这个角度看，法律提出“孝”的义务旨在保障父权，因为传统社会正是以此为基础而建立的，故孝的规训与维护社会秩序的稳定也是密切关联在一起的。

汉代以后，由于儒家思想逐渐成为社会的主流意识形态，纲常名教之说开始确立，故国家常常将孝德与伦常思想联系在一起，使之具有更强的合理性。对此，张晋藩指出：“汉以后，历经魏晋至唐，纲常教义已经演化成复杂的法律规范，构成封建法典的基本内容，充斥到行政、刑事、民事、诉讼各个部门法领域中去。”[1]在这种情况下，“孝”作为子事父的义务，成为不容怀疑、不可否定的绝对要求；父子之间的血缘亲情关系被严格的长幼尊卑观念所塑造，含有强烈的等级、名分之别，父的权威与

[1] 张晋藩：《中国法律的传统与近代转型》，第36页，法律出版社，1997年。

子的服从是这种关系一体的两面，这与先秦儒家的理想有一定的距离，然而的确是纲常观念掺入儒学之后出现的新局面，汉以后的专制王朝基本上都承守这一立场，其影响之深且巨，绵延千余年，直到近代启蒙思想的传入，这种陈旧的观念才开始渐被废弃。在本节中，我们要讨论的就是汉代以后历代律典中对于“不孝”罪的规定。上面曾指出，魏晋以来，法律的儒家化已经全面开始；[1]对此，陈寅恪先生说：“古代礼律关系密切，而司马氏以东汉末年之儒学大族创造晋室，统制中国，其所制定之刑律尤为儒家化。既为南朝历代所因袭，北魏改律复集之，辗转嬗蜕，经由齐、隋以至于唐，实为华夏刑统不祧之正宗。”[2]可以说，《唐律疏议》的出现，标志着法律儒家化集大成之作的完成。另外，由于《唐律疏议》是现存最早，也是较为完备的中国专制王朝的成文法典，且其内容多为后来的王朝所承袭，故我们这里的讨论将以《唐律疏议》为中心来展开。

首先，在《唐律疏议·名例》中列有“十恶”的罪名。疏议曰：“五刑之中，十恶尤切，亏损名教，毁裂冠冕，特标篇首，以为明诫。其数甚恶者，事类有十，故称‘十恶’。然汉制九章，虽并湮没，其‘不道’、‘不敬’之目见存，原夫厥初，盖起诸汉。案梁陈已往，略有其条。周齐虽具十条之名，而无‘十恶’之目。开皇创制，始备此科，酌于旧章，数存于十。大业有造，复更刊除，十条之内，唯存其八。自武德以来，仍遵开皇，无所损益。”[3]由此可见，十恶之罪大多关涉纲常名教，律典特在篇首标明其义，足资警诫。这十条罪名分别是谋反、谋大逆、谋叛、恶逆、不道、大不敬、不孝、不睦、不义与内乱。十恶之中，除涉及国家伦理与公共安全之外，旨在维护家族秩序的就有四条之多，其中恶逆“谓殴及谋杀祖父母、父母，杀伯叔父母、姑、兄姊、外祖父母、夫、夫之祖父

[1] 所谓法律的儒家化，有好几层含义，概而言之，就是以礼入法，以不同的法律规范来对待尊卑、贵贱、名分不同的主体，参看马作武：《略论中国传统法律的儒家化》，《中山大学学报》（社会科学版）1997年第2期。

[2] 陈寅恪：《隋唐制度渊源略论稿》，第100页，上海古籍出版社，1982年。

[3] 长孙无忌等撰，刘俊文点校：《唐律疏议》，第6页，中华书局，1983年。

母、父母”。不睦“谓谋杀及卖缌麻以上亲，殴告夫及大功以上尊长、小功尊属”。内乱“谓奸小功以上亲、父祖妾及与和者”[1]。这些罪名涉及的侵犯对象都不出五服，唐律对之详加限定，旨在规范家族内部的关系。而“不孝”位列十恶之七[2]，旨在惩戒家庭中子女的不当行为，其具体内容包括“告言、诅詈祖父母父母，及祖父母父母在，别籍、异财，若供养有阙；居父母丧，身自嫁娶，若作乐，释服从吉；闻祖父母父母丧，匿不举哀，诈称祖父母父母死”[3]。从这些规定中不难看出，“不孝”涉及的行为种类有很多，我们下面将一一讨论。

一、告言、诅詈祖父母

告言是检举、揭发之意。按照儒家“父子相隐”的传统，尊长犯罪子女不但不能告发，反而有为其隐瞒的义务。这一点，在秦汉律法中已经有所体现，至《唐律疏议》中更发展为“同居相为隐”，亲属容隐的范围有所扩大。关于容隐的问题，我们在下一节将有更详细的讨论。诅詈，诅是诅咒之意，指用巫术等迷信手段迫害父祖的行为。在中国古代，擅用巫蛊者一般都被认为是极端邪恶的，法律对此要处以重罪。[4]在唐律中，“造畜蛊毒，厌魅”属十恶之“不道”，《唐律疏议·贼盗》又有“诸造畜蛊毒及教令者，绞”[5]的规定。可见，以巫蛊害人是很重的罪，而对于以巫蛊形式加害尊长的，当然更加恶劣，唐律以谋杀论，依律要处以斩刑。[6]

---

[1] 长孙无忌等撰，刘俊文点校：《唐律疏议》，第8~16页，中华书局，1983年。

[2] 唐以后的律典，如《宋刑统》、《明律例》、《清律例》，都继承了唐律的做法，将“不孝”列入“十恶”之目，具体内容也与唐律大同小异。

[3] 长孙无忌等撰，刘俊文点校：《唐律疏议》，第12页，中华书局，1983年。

[4] 参看瞿同祖：《中国法律与中国社会》，第285～290页，中华书局，2003年。

[5] 长孙无忌等撰，刘俊文点校：《唐律疏议》，第337页，中华书局，1983年。

[6] 疏议曰：“有所憎嫌前人而造厌魅，厌事多方，罕能详悉，或图画形象，或刻作人身，刺心钉眼，系手缚足，如此厌胜，事非一绪；魅者，或假托鬼神，或妄行左道之类，或咒或诅，欲以杀人者：各以谋杀论减二等。若于期亲尊长及外祖父母、夫、夫之祖父母、父母，各不减，依上条皆合斩罪。”见长孙无忌等撰，刘俊文点校：《唐律疏议》，第340页，中华书局，1983年。

詈，谓辱骂之意。《唐律疏议·斗讼》曰："诸詈祖父母、父母者，绞。"[1]按常理来说，骂人即便是不对，但尚不入罪，可辱骂尊长，却处以绞刑，这多少令人震惊，可见传统对"不孝"的理解与现代观念之间有着重大的差异。

二、祖父母、父母在，别籍、异财

关于家庭财产的支配权问题，早在《礼记》中就有明确的说明。"父母在，不有私财。"[2]"子妇无私货，无私蓄，无私器，不敢私假，不敢私与。"[3]"父母在，不敢有其身，不敢私其财。"[4]这些说法代表了儒家通义，那就是：子孙与父母共同生活，家庭的共有财产归家长支配，子孙不得蓄有私财。若卑幼擅动家庭财产，则要接受刑律处罚。《唐律疏议》规定："诸同居卑幼，私辄用财者，十疋笞十，十疋加一等，罪止杖一百。"同条疏议注曰："凡是同居之内，必有尊长。尊长既在，子孙无所自专。若卑幼不由尊长，私辄用当家财物者，十疋笞十，十疋加一等，罪止杖一百。"[5]至明、清律，沿用唐律的做法，对于"卑幼私擅用财"也有相应的处罚规定。[6]父母在世，子孙不但不能私擅用财，即便是另立户籍或分家异财，也为法律所不许。《唐律疏议》有"子孙别籍异财"条，规定："诸祖父母、父母在，而子孙别籍、异财者，徒三年。"[7]明、清律的处罚稍宽，改为"杖一百"。另外，《唐律疏议》还规定：

---

[1] 长孙无忌等撰，刘俊文点校：《唐律疏议》，第414页，中华书局，1983年。

[2]《礼记·曲礼》。

[3]《礼记·内则》。

[4]《礼记·坊记》。

[5] 长孙无忌等撰，刘俊文点校：《唐律疏议》，第241页，中华书局，1983年。

[6]《大明律·户律》与《大清律·户役》有相同的规定："凡同居卑幼，不由尊长，私擅用本家财物者，十两笞二十，每十两加一等，罪止杖一百。"见〔清〕薛允升：《唐明律合编》，第295页，法律出版社，1999年。以及〔清〕沈之奇：《大清律辑注》（上），第216页，法律出版社，2000年。

[7] 长孙无忌等撰，刘俊文点校：《唐律疏议》，第236页，中华书局，1983年。

"诸居父母丧，生子及兄弟别籍、异财者，徒一年。"[1]明、清律的处罚也稍轻，改为"杖八十"。关于此条律文的立法意图，注家解释道："祖父在而别籍异财，恶其有离亲之心也。父母亡，兄弟虽许分析，然三年之丧未满，而即别籍异财，恶其有忘亲之心也。"[2]这说明，法律禁止子孙别籍异财，是为了谨防子孙滋生离亲、忘亲之心，最终说来，也是要保护亲情弥笃的价值，防止同居父子间出现生疏叛离的情形。当然，法律倾向于维持尊卑长幼间不平等的主体关系，这也是无须讳言的。

三、违犯教令及供养有阙

《唐律疏议·斗讼》曰："诸子孙违犯教令及供养有阙者，徒二年。"[3]小注解释："谓可从而违，堪供而阙者。须祖父母、父母告，乃坐。"[4]同条疏议对此有更详细的说明，曰："祖父母、父母有所教令，于事合宜，即须奉以周旋，子孙不得违犯；'及供养有阙者'，礼云'七十，二膳；八十，常珍'之类，家道堪供，而故有阙者：各徒二年。故注云'谓可从而违，堪供而阙者'。若教令违法，行即有愆；家实贫窭，无由取给：如此之类，不合有罪。皆须祖父母、父母告，乃坐。"[5]这条律文将子孙违犯教令与供养有阙的行为放在一起处理，都处以徒二年的刑罚，但具体到子孙的哪些行为属于违犯教令或供养有阙，唐律中仅作了一般性的界定，并未有详细的说明。概而言之，只要父祖的教令合于事宜，没有违法，子孙就要听从，而在家庭经济能力许可的范围内，子孙要尽量供养父祖，使之生活安逸，如故意克夺，则属供养有阙。"若教令违法，行即有愆；家实贫窭，无由取给：如此之类，不合有罪。"这是对不属违犯教令与供养有阙的例外情形所作的补充说明，有了这个规定，该条

---

[1] 长孙无忌等撰，刘俊文点校：《唐律疏议》，第236页，中华书局，1983年。
[2]〔清〕沈之奇：《大清律辑注》，第216页，法律出版社，2000年。
[3] 长孙无忌等撰，刘俊文点校：《唐律疏议》，第437页，中华书局，1983年。
[4] 同上。
[5] 同上，第438页。

律文才显得较为合乎情理，在具体案件的审判中也为卑幼的不得已行为提供了一定的保障理由。最后需要说明的是，这两个罪名均属亲告罪，只有在祖父母、父母告发时才追究子孙的责任，不告则不予受理。总的来看，在唐律界定的不孝罪当中，子孙违犯教令及供养有阙的罪名，算较为轻微的一类，在实际判例中可采取的裁量范围较大，法律对其的制裁力度与一般违犯纲常名教的案子相比并不算很重。

四、居父母丧，身自嫁娶，若作乐，释服从吉

父母去世后子女要居三年之丧，这是儒家通义，自汉代以后在社会上逐渐风行。在守丧期间，子女的行为要符合礼制，必须摒除一切享受与娱乐活动，尽量保持哀伤之心，如若违反，则属于大不孝。《唐律疏议·职制》规定："诸闻父母若夫之丧，匿不举哀者，流二千里；丧制未终，释服从吉，若忘哀作乐，徒三年；杂戏，徒一年；即遇乐而听及参预吉席者，各杖一百。"[1]同时，对于居丧嫁娶的行为，《唐律疏议·户婚》曰："诸居父母及夫丧而嫁娶者，徒三年；妾减三等。各离之。知而共为婚姻者，各减五等；不知者，不坐。"[2]可见，在丧期内身自嫁娶，不但要接受刑罚，而且所缔结的婚姻关系也不合法，要"各离之"，且"知而共为婚姻者"的对方当事人也要受到相应的惩罚。[3]明、清律对此的处置稍轻，但依律也要处"杖一百"的刑罚。[4]

上述关于"不孝罪"的讨论，在唐律乃至宋、元、明、清律中仅是

---

[1] 长孙无忌等撰，刘俊文点校：《唐律疏议》，第204页，中华书局，1983年。

[2] 同上，第257页。

[3] 按照唐律的规定，不但居丧期间不能嫁娶，即便父祖获罪被囚期间，也不允许嫁娶，否则就要受到制裁。《唐律疏议·户婚》有"诸祖父母、父母被囚禁而嫁娶者，死罪，徒一年半，流罪，减一等，徒罪，杖一百"。同条疏议对此的解释是："祖父母、父母既被囚禁，固身囹圄，子孙嫁娶，名教不容。"见《唐律疏议》，第258页。

[4]〔清〕薛允升：《唐明律合编》，第332页，法律出版社，2000年；〔清〕沈之奇：《大清律辑注》（上），第260页，法律出版社，2000年。

《唐律疏议·名例·十恶》中之荦荦大者。事实上，法律认定的不孝行为尚有多端，而涉及子孙对父祖的忤逆、暴力侵犯行为，如杀伤殴打之类，则属罪大恶极，已超越不孝的程度，另被归入“十恶”之“恶逆”一条，而法律对之的处分也更加严厉，下面我们来看看唐律乃至后来律典中对此行为的惩处措施。

上面说过，唐律中对骂詈祖父母、父母者，依律要处以绞刑，而殴打父祖者，则依律当斩。[1]唐律中的死刑种类仅绞、斩二种，至此已运用到极限，至于故意杀害父母，则唐律中并无明文规定，对此，薛允升说：“唐律只言谋杀期亲尊长等项者皆斩，……而无谋杀祖父母、父母罪名，盖罪至于皆斩，法已尽矣。且逆伦大变，律不忍言也。”[2]至元、明、清律，殴祖父母、父母要处以斩刑，而杀祖父母、父母者，则要凌迟处死。[3]凌迟之刑罚，俗称“千刀万剐”，最早出现在五代，本为法外最残酷之极刑，一般只用于谋反恶逆等重罪，谋杀父母属逆伦大案，法律以凌迟处置，可见其严重的程度。即便是无心过失误杀父母，依律也当凌迟，只有确系可矜情节，而得到皇帝的怜宥，才有酌情减轻的机会。下面两个出自《刑案汇览》的案例就说明了这一点：

①白鹏鹤因向嫂白葛氏借灯油不遂，出街嚷骂，白葛氏赶出门首理论，白鹏鹤拾起土块向嫂掷击，适母白王氏出劝，误伤殒命。刑部按子杀父母凌迟处死律问拟。奉旨以遥掷土坯误伤其母，非其思虑所及，与斗殴

---

[1]《唐律疏议·斗讼》曰：“诸詈祖父母、父母者，绞；殴者，斩；过失杀者，流三千里；伤者，徒三年。”见长孙无忌等撰，刘俊文点校：《唐律疏议》，第414页，中华书局，1983年。

[2]〔清〕薛允升：《唐明律合编》，第474页，法律出版社，2000年。

[3]《元史·刑法志》：“诸子孙杀其祖父母、父母者，凌迟处死。”《大清律》曰：“凡子孙，殴祖父母、父母，及妻、妾殴夫之祖父母、父母者，皆斩；杀者，皆凌迟处死。”同条注曰：“子孙恶逆，至于殴祖父母、父母；妻妾恶逆，至于殴夫之祖父母、父母，皆人伦大变。凡预殴者，不分首从，皆斩，不论有伤、无伤与伤之轻重也。杀者，不分首从，皆凌迟处死。”见〔清〕沈之奇：《大清律辑注》，第767～768页，法律出版社，2000年。

误杀者究属有间，着改为斩立决。

②陇阿侯与余茂胜口角相殴，陇阿侯拾起地下柴斧，用斧背向余茂胜回打。余急行闪避，适陇之祖母走拢拉劝，陇收手不及误伤祖母顶心，倒地身死。巡抚依律问拟凌迟，奉旨以误伤究与殴杀者不同，改为斩决。[1]

白鹏鹤与陇阿侯均系过失杀死尊长，但依律仍问拟凌迟，后得到皇帝的开赦，才获得减刑，然仍被处以斩决，这已经是法外开恩的结果了。另外，凡子孙因不听教令而触忤尊长，致其忿激自尽者，依律也要处以极刑，如：

①严克连母刘氏素有疯病，时发时止，每遇生气即病发。严克连因妻做鞋迟延，加以斥骂。刘氏喝阻无效，生气触发疯病，服毒自尽。晋抚以刘氏之死实由疯病昏迷所致，与实在抱忿轻生者有间，于绞罪上量减拟流。刑部以该犯使母生气已属咎无可辞，刘氏之自尽虽由疯发，而疯病复发，则由该犯不听教令所致，依律问拟绞候。

②刘继综因妻做饭迟延，申斥争吵，刘父衣青喝阻不理，喊骂，刘继综畏惧走避，刘衣青追骂，绊跌中风身死，依例拟绞候。

③粟松年因妻做饭迟延，加以殴詈。母李氏出而喝阻，不听。李氏欲禀官送究，松年叩头央求，不允。随即赴县呈控，回家以后才晓得父母首告忤逆，应问遣戍，虑无人侍养，心生追悔，愁集莫释，投井自尽。有司以李氏之死虽非抱忿轻生，但事由于首告究由违犯教令所致，依律拟绞候。[2]

上述三个案例，父母之死虽非子孙所为，但究其原因，都是子孙不听教令，故法律于此仍要追究子孙的责任，三例都以绞候问拟，可见其量刑之重。总之，在传统纲常名教的伦理逼迫下，无论事出何因，酿成尊长毙命的案件，法律都要对之从严处分，这是我们通过以上讨论所得出的结论。

---

[1]《刑案汇览》，转引自瞿同祖：《中国法律与中国社会》，第33页，中华书局，2003年。

[2]同上，第36页。

另外，法律除去对一般所谓“不孝”行为的惩处，对官吏任职所要履行的孝亲责任也有很严格的规定，如《唐律疏议·名例》曰：“诸府号、官称犯父祖名，而冒荣居之，……免所居官。”同条疏议曰：“府号者，谓省、台、府、寺之类。官称者，谓尚书、将军、卿、监之类。假有人父祖名常，不得任太常之官；父祖名卿，亦不合任卿职。若有受任者，是谓‘冒荣居之’。选司唯责三代官名，若犯高祖名者，非。”[1]《唐律疏议·职制》又曰：“诸府号、官称犯父祖名，而冒荣居之，……徒一年。”[2]这也就是说，官员在任职之前，先要比照任职的府号名称与所任官职是否犯父祖名讳，如果有相同的字，就不能担任官职，否则一旦被发现，要被处以“徒一年”的刑罚，其惩戒力度之重在今日是难以想象的。[3]另外，古代服官一般情况除妻子、奴仆外，其他亲属不随之赴任所，但如果祖父母、父母老疾，家中别无成年男丁侍养，则子孙应居家侍亲，不得赴官，即便任官之时亲未老疾，其后老疾，也应辞官回家侍亲，否则“委亲之官”，同样要处一年徒刑。[4]由此可见，侍亲养亲是子孙履行孝道必不可少的一环，也是不可推辞的首要责任，即便是从官为朝廷服务，也不能与之相冲突。最后，官员在闻父母之丧时，要归家守丧，谓之“丁忧”。在第二章讨论汉代三年之丧的实行情况时，我们曾论及这一点，不过汉代对此尚无法律上的规定，至北魏，居三年丧而冒哀求仕者要处五岁刑（《魏书·礼志四》），此后历朝法典都对官员服丧去官有所限定，匿哀不发者，则要受到法律的严惩。[5]由此可见，在孝亲的责任与出仕为官两者之间发生冲突的时候，法律总是以保障前者为先，这也体现了“孝”的伦理在传统社会所具有的优先地位。

---

[1]长孙无忌等撰，刘俊文点校：《唐律疏议》，第56页，中华书局，1983年。

[2]同上，第206页。

[3]如唐冯宿父名子华便以此辞化州刺史，宋吕希纯以父讳（公著）而不拜著作郎，与此类似的例子还有很多，见瞿同祖：《中国法律与中国社会》，第93页，中华书局，2003年。

[4]长孙无忌等撰，刘俊文点校：《唐律疏议》，第56页，中华书局，1983年。

[5]详细的讨论见瞿同祖：《中国法律与中国社会》，第95页，中华书局，2003年。

第三节

传统律法中的“亲亲相隐”原则

在第一章中我们曾指出，在《论语》、《孟子》等先秦儒家典籍中就有关于“父子相隐”问题的讨论，孔子说：“父为子隐，子为父隐，直在其中矣。”（《论语·子路》）孟子在弟子提出关于舜父杀人的疑问后，也抛出“舜视弃天下犹弃敝屣也。窃负而逃，遵海滨而处，终身忻然，乐而忘天下”（《孟子·尽心上》）的观点。孔孟对“父子相隐”都持赞赏的态度，也就是说，当父的行为有违公共礼法，甚至触犯法律的时候，做子女的不应该检举告发，而是要尽量隐匿。在一些学者看来，这反映了儒家的社会秩序观是以“血亲情理”为“本原根据”，并赋予它以“至高无上”的地位，“试图将它（血亲情理）置于人们的行为活动应该遵循的其他一切准则之上，使之成为其他一切准则都必须无条件服从的最高原则”[1]。并且，“由于孔子和孟子把血亲情理视为至高无上的唯一本原依据，结果就事与愿违地导致了人的整体性存在发展受到扭曲，以致最终陷入血亲团体性的片面性之中”[2]。更有甚者，“儒家思想滋生腐败的这种温床效应集中地表现在：通过肯定血缘亲情的至上地位，通过肯定人们可以把慈孝友悌的血亲规范置于其他一切行为准则之上，它实际上就积极地肯定了那些为了维护血亲团体的特殊性利益，不惜违背社会群体的普遍性准则的腐败现象，诸如徇情枉法、任人唯亲等等”[3]。一些西方学者指

[1] 刘清平：《论孔孟儒学的血亲团体性特征》，郭齐勇主编：《儒家伦理争鸣集——以“亲亲互隐”为中心》，第858页，湖北教育出版社，2004年。

[2] 同上，第862页。

[3] 刘清平：《美德还是腐败？》，郭齐勇主编：《儒家伦理争鸣集——以“亲亲互隐”为中心》，第895页，湖北教育出版社，2004年。

出，儒家的父子关系最终导致了“孝”和“忠”成为绝对的原则，而在这种关系中，始终缺乏一种超越性忠诚观点。[1]不过，同情儒家立场的学者则认为，父子相隐的命题与滋生腐败无关，而儒家也并非是所谓的“血亲至上”主义，父子相隐的观点“在一定意义上就是防止、不提倡亲人间相互揭发，以免使之成为普遍现象，损伤了维系家庭、社群伦理的最基本纽带”[2]。况且，亲亲相隐并非是中国古代思想家独特的看法，证诸西方历史，亲亲相隐的原则历来受到法律的认可，所以亲亲相隐毋宁说是一种普世性的主张，而非为中国古代所独有。[3]纵览正反双方的论据，可谓各有其理，互不相让，究竟孰是孰非，要有一个结果。在本节中，我们首先围绕中国传统律典中的“亲亲相隐”问题展开讨论，在辨清这一历史线索的基础上，进而对其价值问题有所回应。

“亲亲相隐”的观念早在春秋时期已开始萌芽，《国语·周语中》记载周襄王劝阻晋文公听理卫大夫讼其君卫成公的案子时就说：“君臣皆狱，父子将狱，是无上下也。”从语气上判断，襄王的话大概是援引当时流行的观点，并非其个人的看法。可见，君臣无讼、父子无讼，在那个时代已是被普遍接受的观念，不过尚未被写进律法而已。此后，亲亲相隐之论屡屡出现在儒家思想家的著述中，但也只是停留在观念层面，并未得到

[1]如贝拉说：“儒家关于父子关系的规定不仅导致了子对父的顺从，也排斥了由恋母情结带来的任何后果。而这种顺从，归根到底又不是针对一个人，而是指向所谓最正当的人际关系模式。但是，由于缺乏一种超越性忠诚的观点，它不能像新教那样为创造性的社会变革提供合法性。在西方，自摩西启示时代起，任何社会关系的特殊式原则上就不具有绝对的意义，而在中国，孝和忠却成了绝对原则；在西方，归根到底上帝是唯一的主宰力量，在中国却延续着父亲的统治。”见Robert N. Bellah, *Beyond Belief: Essays on Religion in a Post-traditionalist World* , University of California Press, 1991, p.95.

[2]郭齐勇：《也谈“子为父隐”与孟子论舜》，郭齐勇主编：《儒家伦理争鸣集——以“亲亲互隐”为中心》，第14页，湖北教育出版社，2004年。

[3]范忠信的三篇论文《中西法律传统中的“亲亲相为隐”》、《容隐制的本质与利弊：中外共同选择的意义》以及《“亲亲尊尊”与亲属相犯：中西刑法的暗合》，对此问题有很详细的讨论。见郭齐勇主编：《儒家伦理争鸣集——以“亲亲互隐”为中心》，第601～714页，湖北教育出版社，2004年。

具体的实施。不过，从本章第一节的论述来看，秦汉时的律文往往将卑亲属告发尊亲属的案件归在“不孝”罪的名目之下，而给予严惩，这可以说是单向地反映了“亲亲相隐”之义；只是法律的这种规定只承认了卑幼容隐尊长的义务，而立法的目的在于保障父权家长制，所以维系亲情间的纽带并不是法律考虑的重点，故从严格的意义上说，这一时期的法律还不能算是体现了“亲亲相隐”的原则。[1]至汉昭帝一朝，贤良文学批评亲属间的“首匿相坐”，尚且说：

今废其德教而责之以礼义，是虐民也。春秋传曰：“子有罪执其父，臣有罪执其君，听失之大者也。”今以子诛父，以弟诛兄，亲戚相坐，什伍相连，若引根本之及华叶，伤小指之累四体也。如此则以有罪反诛无罪，无罪者寡矣。……自首匿相坐之法立，骨肉之恩废，而刑罪多矣。父母之于子，虽有罪犹匿之，不欲服罪尔？闻‘子为父隐，父为子隐’，未闻父子之相坐也。闻‘兄弟缓追以免贼’，未闻兄弟之相坐也。闻‘恶恶止其人’，‘疾始而诛首恶’，未闻什伍而相坐也。（《盐铁论·周秦》）

可见，当时亲属连坐，株连甚广，亲亲相隐仍在制度考量之外。直到汉宣帝时，儒家思想已成为立国根本，亲亲相隐的原则才以诏书的形式第

[1] 据《史记·淮南衡山列传》：“元朔六年（前123年）中，衡山王使人上书请废太子爽，立孝为太子。爽闻，即使所善白嬴之长安上书，言孝作輣车鏃矢，与王御者奸，欲以败孝。白嬴至长安，未及上书，吏捕嬴，以淮南事系。王闻爽使白嬴上书，恐言国阴事，即上书反告太子爽所为不道弃市罪事。事下沛郡治。元狩元年（前122年）冬，有司公卿下沛郡求捕所与淮南谋反者未得，得陈喜于衡山王子孝家。吏劾孝首匿喜。孝以为陈喜雅数与王计谋反，恐其发之，闻律先自告除其罪，又疑太子使白嬴上书发其事，即先自告，告所与谋反者救赫、陈喜等……孝先自告反，除其罪；坐与王御婢奸，弃市。王后徐来亦坐蛊杀前王后乘舒，及太子爽坐王告不孝，皆弃市。”这一案例发生在武帝年间，刘爽告发其父衡山王刘赐谋反，后被其父以“不孝”罪反告而遭弃市，刘爽获罪不是因为违反了父子相隐的原则，而是缘于触怒刘赐，冒犯尊长，被其父告“不孝”，可见，父告“不孝”是刘爽被诛的主因。这也间接说明武帝时期的刑律尚未从父子相隐的角度来规范亲属间的告发行为。

一次出现。宣帝地节四年（前66年）夏五月，诏曰：

父子之亲，夫妇之道，天性也。虽有患祸，犹蒙死而存之。诚爱结于心，仁厚之至也，岂能违之哉！自今，子首匿父母、妻匿夫、孙匿大父母，皆勿坐。其父母匿子、夫匿妻、大父母匿孙，罪殊死，皆上请廷尉以闻。（《汉书·宣帝纪》）

这一道诏令从人性中的爱亲本能出发，为亲属间的容隐制度提供了立法上的理由，并首次肯定近亲属间隐罪的正当性，由此，儒家父子相隐之义第一次在实践生活中获得认可。不过，从诏令中不难看出，容隐的范围仅限于直系近亲属，这与后来律典中相关条文的规定尚有距离，而宣帝颁布的诏令与正式的法律条文也尚有不同。不过，在传统社会，帝王的诏令实际上常常具有法律效力，故从法律文化的角度梳理“亲亲相隐”的历史，这一事件仍具有深远的意义。[1]此后，关于亲亲相隐在历史中的命运也是屡次浮沉，据史料记载，魏初的高柔、卢毓都曾反对“军征士亡，考（拷）竟其妻子”（《三国志·魏志》）。东晋元帝时卫展上书对于“考子证父刑，鞭父母问子所在”（《晋书·刑法志》）的做法也不以为然。南朝宋文帝时蔡廓建议：“鞫狱不宜令子孙下辞明言父祖之罪，亏教伤情，莫此为大。自今但令家人与囚相见，无乞鞫之诉，使民以明伏罪，不须责家人下辞。”（《宋书·蔡廓传》）而北朝魏人崔纂也反对“令同气（兄弟姊妹）相证”（《魏书·刑法志》）。从这些材料中不难看出，当时“亲亲相隐”仍未被视作当然之则，故仍需有人不遗余力地说明其用

[1]关于帝王诏令的法律效力，有论者指出：“实际上，常常有一些并不非常正式的法律规范补充法典中的律。在任何时候，皇帝的诏令——无论是皇帝主动颁布还是针对某一新的诉讼案件所作——都可以对具体的律加以修正，有时甚至可以废弃具体的律的适用效力。皇帝的诏令可能只是针对某些具体诉讼案件有效，但有些诏令则可能具有普遍效力，还有一些诏令甚至可能被编入法典（也许被编入后朝的法典），进而具有律的普遍效力。”见D.布迪、C.莫里斯：《中华帝国的法律》，第45页，江苏人民出版社，2004年。

意，才能被当政者所接受。直到《唐律疏议》，“亲亲相隐”之义才被正式写入律法，这在中国法制史上是值得注目的事件。《唐律疏议·名例》“同居相为隐”条曰：

诸同居，若大功以上亲及外祖父母、外孙，若孙之妇、夫之兄弟及兄弟妻，有罪相为隐；部曲、奴婢为主隐，皆勿论，即漏露其事及擿语消息亦不坐。其小功以下相隐，减凡人三等。[1]

与汉宣帝的容隐诏令相较，唐律中规定的容隐范围有所扩大，凡同居亲属均可相隐，不同居的亲属大功以上相隐也无罪，小功以下虽有罪但也从轻处罚。而且，不但谋匿犯罪的亲属于法不究，即便是通报消息与罪人使之逃匿也是无罪。不过，同条疏议又曰：

谓谋反、谋大逆、谋叛，此等三事，并不得相隐，故不用相隐之律，各从本条科断。

这也就是说，亲属有罪相隐并非适用于所有情况，对于严重危害国家秩序的罪行亲属间仍有告讦的义务，否则要依律论处。总之，“亲亲相隐”之义至唐律已发展到颇为周密的地步，此后宋、明、清的历代律典基本都沿用唐律的条款而仅在细节方面有微小的变化。[2]

综上所论，“亲亲相隐”的观念在中国古代思想史中有着悠久的传统，但其制度化过程却经历了漫长的变迁。唐代以后，律典中形成“同居

[1] 长孙无忌等撰，刘俊文点校：《唐律疏议》，第130~131页，中华书局，1983年。

[2] 如《大明律·名例》“亲属相为容隐”条曰：“凡同居，若大功以上亲，及外祖父、外孙、妻之父母、女婿、若孙之妇、夫之兄弟及兄弟妻，有罪相为容隐。奴婢、雇工人为家长隐者，皆勿论。若漏泄其事，减凡人三等；无服之亲减一等。若犯谋叛以上者，不用此律。”与唐律比较，明律加入妻亲相隐，又增加无服亲的容隐规定，在细节方面更为完善，但其基本精神仍与唐律无异。

相为容隐”的条款，一直延续到清代，至清末修《大清新刑律》，亲属容隐的制度经过改造后仍以某种形式被保留下来。[1]纵观中国传统法制史，可以说亲亲相隐作为一个基本原则一直受到法律的保护，近来学者争论其是否有纵容腐败之嫌，关涉到对它的价值评判，下面我们就针对这一问题作简要的讨论。

首先，必须承认家庭生活是人类最基本、最自然的生存样式，亲人间的亲密程度及情感依赖远远超出一般的人际关系；而亲情的价值是人类社会中最为宝贵的情感之一，它是维护家庭稳定与和谐的首要条件，在某种程度上，这也是社会秩序得以良性运转的基石。一般来说，亲属间由于长久的共同生活而形成利益相关的共同体，当亲人有违法行为之时，或出于自保的本能或出于情感的不忍，主动检举揭发，做到大义灭亲总是十分困难的事。而当亲属的生命安全或人身自由受到威胁时，一般人往往无法作理性的衡量，只会不顾一切地包庇隐匿亲属，而难以考虑其他的适法行为，这也是人之常情，法律对此应有所考量。故容隐制的建立，先考虑到保护人类最基本的亲情关系，在国与家、公与私发生冲突时，不强人所难，不要求人人都做到大公无私。但是，容隐制允许每个人包庇、隐匿亲属的犯罪行为而不受法律的制裁，并不表示对犯罪性质的法律评价发生改变，也不表示对犯罪的处罚应当减免，而只是承认亲属间的隐罪行为具有正当性。国家完全可以通过侦讯手段将罪犯绳之以法，不过不以亲属的检举告发为其工具而已。尽管如此，我们依然要承认，从短期来看，允许亲属容隐的确有损国家利益，也妨害了公共秩序与安全；但长远来看，这种制度设计保障了亲情信任这一最基本的人性要求，从国家长治久安的角度来说，仍是利大于弊的选择。更何况，传统律典对一些严重危害国家秩序的犯罪行为，如“谋反、谋大逆、谋叛”之类，并不适用亲亲相隐的原则，这在某种程度上也平衡了过度保障亲权造成的危害，可以说是将其弊

[1] 参看《大清新刑律》第一百八十条之规定。

端降到了最低。[1]

其次，允许亲属容隐的另外一个优点是限制法律的任意扩张，以防株连太广。范忠信先生通过对容隐制本质的研究，认为反株连是容隐法的根本立法宗旨。他认为“为什么不许亲属容隐或强迫亲属作证就必然导致株连？道理很简单。亲属间相处机会远多于非亲属，故互相了解行踪远胜于非亲属。一案发生而拘系嫌疑人后，只要想搜集证据，任何一个审问官都会想到两条捷径：一是从嫌犯口中获得，一是从亲属处获得。这是最经济、最方便、最传统的取证途径。法律若只规定任何知道案情者均有作证义务，只规定任何人知严重罪行不举告或藏匿犯罪人即构成隐匿罪，而不将近亲属排除在外，那就无异于授权司法官逼亲属作证或动辄以知情不举、隐匿或帮助罪犯等罪嫌来惩罚亲属，至少使其有足够理由收系亲属（因为对刑事证人、在屡传不至时可以拘传，对犯罪嫌疑人可以临时拘留）。这种收系、逼证逼供（且不说刑讯）就是株连亲属的最初表现。……为亲属有罪作证，一般人情所不愿；隐匿亲属犯行或藏匿犯罪亲属等，为一般人情所不禁。法律若不对之宽容，却反其道而强之、责之、罚之，株连之始也。这与其他严重的株连情形只有量的差别，没有质的不同”[2]。这一段议论有理有据，对于阐明容隐制的积极意义有很重要的作用，也为我们理解容隐制的立法初衷有了比较透彻的认识。

第三，允许亲属容隐在一定程度上是清晰地划分出家与国的界限，承认家庭作为一个自治组织的自治权，并将这种权利作为抵抗国家力量过分扩张的一个“避风港”，其最终目的是保护民众的基本权益。众所周知，家庭是人类最基本最稳定的社会组织，家庭成员间的利害荣辱关系也最为

[1] 不可否认，以唐律为代表的律典将“谋反、谋大逆、谋叛”之类的罪行定为十恶重罪，并规定“亲亲相隐”不能适用于此，带有强烈的维护封建统治的意味。但从传统的角度看，这些罪行同样也危害了国家秩序，进而损害了公共利益，这也是毋庸讳言的。

[2] 范忠信：《容隐制的本质与利弊：中外共同选择的意义》，郭齐勇主编：《儒家伦理争鸣集——以“亲亲互隐”为中心》，第648～649页，湖北教育出版社，2004年。

密切。如果因国家的出现而伤害到这一基本人类团体的安宁与秩序，如果为了维护国家利益而将亲属那种荣辱与共的生存感觉还原为互不相关、完全独立的个体关系，并规定他们有罪不得容隐，还要告讦揭发，这种做法本身就伤害了家庭对个人生活的重要意义。更何况，国家机器这一强大的“利维坦”组织如果将其触角伸到社会的任意角落而不加限制，个人在它的巨大力量面前就显得十分渺小，也难以抵抗其侵入的可能。亲属容隐制的出现至少在某种意义上限制了国家权力的无限膨胀，将家庭作为一个安全港以躲避国家力量的侵袭。当然，这种做法并非是承认将家庭作为一个姑息养奸的藏污纳垢之地，而是说要尊重亲属有拒绝向国家“引渡”罪犯的权利；在家庭范围之外，国家尽可以动员一切力量来缉捕罪犯，这是毫无疑问的。其实，保障亲属容隐与惩治犯罪可以并行不悖，两者未见得就是水火不容。

总之，上述三点的论证意在说明“亲亲相隐”的制度设计有一定的积极意义，这对于我们当今社会的法制建设也提供了某种角度的参照，应该引起人们足够的重视。

第四节

血族复仇：礼法冲突下的两难选择

复仇在原始社会中本是很普遍的现象，在很多原始部族中，复仇被视为一种神圣的义务。[1]而所谓“血族复仇”，就是一个家族对另一个家族所作的报复，每一个人都可以从其近亲那里求得支援。简言之，血族复仇有赖于亲族的团结。[2]也就是说，复仇具有凝聚亲族群体向心力的心理功能。而有学者从社会功能的角度分析，认为：“在没有统一且强有力的公权力维持社会和平秩序的历史条件下，……复仇实际上变成了这种社会中维系和平的根本制度。”[3]并且，复仇制度的诸多核心要素至今仍然是实践中的传统法律必须具有的，也就是说，复仇并不像今天大多数人认为的那样，是人类野蛮、不文明的产物；恰恰相反，它是一种文明、理性的产物。[4]由于为父复仇是儒家孝道思想中很重要的一个义务，在法律文化的视野下讨论父子关系不能对此完全置之不论，故本节中，我们将集中探讨血族复仇这一历史现象在中国古代社会所扮演的特殊角色。通过分析，我们将会看到传统王朝对其的态度始终徘徊于肯定与否定的边缘，这在某种程度上正是尊崇儒家经典的正统观念与遵守法令律例的规范力量之间张力的一种表现。一方面，儒家经典文本赋予复仇以正当性；另一方面，国家出于维护公权力的权威又禁止私人的复仇行为。两者之间如何选择，对于当政者而言始终是个棘手的问题。简而言之，对血族复仇的价值判断实际上正是礼法冲突的一种集中体现，本节后面的论述将充分说明这一点。

---

[1] 瞿同祖：《中国法律与中国社会》，第73页，中华书局，2003年。
[2] L.T.霍布豪斯：*Moralin Evolution*，London，1960，p.89.
[3] 苏力：《法律与文学》，第61页，三联书店，2006年。
[4] 同上，第45~46页。

首先，让我们来分析儒家的经典文本对复仇的相关看法。《公羊传·隐公十一年》曰："子不复仇，非子也。"《公羊传·定公四年》曰："父不受诛，子复仇可也，父受诛，子复仇，推刃之道也。"所谓"推刃之道"，指冤冤相报的恶性循环，虽然这里否定了"父受诛，子复仇"的合理性，但许可有正当理由的复仇行为。其次，《礼记·曲礼上》曰："父之仇弗与共戴天，兄弟之仇不反兵，交游之仇不同国。"孔颖达疏曰："父是子之天，彼杀己之父，是杀己之天，故必报杀之，不可与共处于天下也。"《大戴礼记·曾子制言》也说："父母之仇，不与同生；兄弟之仇，不与聚国；朋友之仇，不与聚乡；族人之仇，不与聚邻。"这是根据亲疏关系的远近来划分复仇的轻重缓急。对此，《礼记·檀弓上》有一段话作了很详细的分疏：

> 子夏问于孔子曰："居父母之仇，如之何？"夫子曰："寝苫、枕干、不仕，弗与共天下也。遇诸市朝，不反兵而斗。"曰："请问居昆弟之仇，如之何？"曰："仕弗与共国，衔君命而使，虽遇之不斗。"曰："请问居从父昆弟之仇，如之何？"曰："不为魁，主人能，则执兵而陪其后。"

这里将血亲复仇的等级分为三个层次，血缘关系越亲近，复仇的要求也越强烈。而最重要的复仇当然是父母之仇，在此情形下，孝子寝苫枕块，不出仕做官，誓与仇人不共戴天。无论在集市，还是在官府，遇见仇人就拔出兵刃与之决斗，切不能忘了携带武器而回家去取。这里，孔子对复父母之仇作了如此详尽的说明，可见复仇的任务具有相当的紧迫感。当然，孔子的态度也表明复仇行为的天经地义，其正当性不容置疑。

再让我们来分析《周礼》中对复仇的相关论述。《周礼·秋官·朝士》曰："凡报仇者，书于士，杀之无罪。"这是说报仇有法定的程序，应当先到专管报仇事务的官吏（朝士）处登记仇人的姓名，然后将仇人杀死便可无罪。另外，《周礼》中又有调人之官，专司避仇和解之事，规定有父兄之仇者远避以和难，若不避仇，则仍可复仇。[1]

通过对以上儒家经典文本的分析，我们发现尽管不同文本对复仇的论述略有差异，但它们的基本倾向都是肯定复仇行为的正义性，认为血亲复仇是义不容辞的责任，应当对之给予赞赏乃至鼓励支持。这种立场对后世士大夫阶层争论复仇的价值意义将产生深远的影响。

不过，随着中央集权国家的出现，生杀予夺之权逐渐为国家收回，私人复仇由于与公权力的行使发生冲突，遂逐渐为王法所不容，于是渐被禁止。[2]从现存文献的记载来看，早在商鞅变法时期，秦国就规定“为私斗者，各以轻重被刑大小”，其目的是使国民“勇于公战，怯于私斗”。（《史记·商君列传》）秦末，蒯通劝说范阳令起兵时曾说：“足下为范阳令十年矣，杀人之父，孤人之子，断人之足，黥人之首，不可胜数。然而慈父孝子莫敢剚刃于公之腹中者，畏秦法耳。”（《汉书·蒯通传》）可见，秦代禁止民间报怨的法令确乎是十分严厉的。汉代建立以后，虽无明文禁止复仇，但有研究者指出：“尽管现存汉律佚文没有一条明确禁止复仇的法令，但是实际上通过已知具体律令的实施，至迟从文帝时起就已在禁民报怨了。”[3]建武初年，桓谭向光武帝建言：

今人相杀伤，虽已伏法，而私结怨仇，子孙相报，后忿深前，至于灭户殄业，而俗称豪健，故虽有怯弱，犹勉而行之，此为听人自理而无复法禁者也。今宜申明旧令，若已伏官诛而私相伤杀者，虽一身逃亡，皆徙家属于边，其相伤者，加常二等，不得雇山赎罪。如此，则仇怨自解，盗贼息矣。（《后汉书·桓谭传》）

---

[1]《周礼·地官·司徒》曰：“父兄之仇皆使之远避以和难，不避则执之。杀人复仇而人又反杀者，使邦国交仇之。仇人而义者，不同国，令弗仇。”

[2]《孟子·尽心下》曰：“吾今而后知杀人亲之重也，杀人之父者人亦杀其父，杀人之兄者人亦杀其兄。然则非自杀之也，一间耳。”这是孟子观察当时复仇活动所引发的感慨，可见，战国时期自由复仇仍是十分普遍的现象。

[3]周天游：《古代复仇面面观》，第53页，陕西人民教育出版社，1992年。

从这段史料中不难看出，当时民间复仇之风甚炽，已扰乱了正常的社会秩序，故桓谭建议“今宜申明旧令”，对私自复仇的行为要严加惩治。这也从一个侧面说明至少在西汉末年已有禁止复仇的法令，否则，“旧令”之说便无从谈起了。不过，东汉章帝时，有人因父受辱而杀死对方，在汉章帝的亲自干下预下该人被免于处罚，此后章帝的圣裁成为处理类似案件的依据，并在此基础上形成《轻侮法》。[1]《轻侮法》的出现，使得援引其为复仇者辩护的案件激增，不但没能限制轻侮行为的发生，反而为民间的相互仇杀大开方便之路；在此情势下，到和帝时采纳张敏的建议，以为“相杀之路不可开”[2]。于是，《轻侮法》在实行了短短十多年之后又被废止了，复仇活动至少在法律层面上依然是不被容许的。[3]

三国时期，曹魏政权下令严禁复仇，黄初四年（223年）颁布诏令曰:“丧乱以来，兵革未戢，天下之人，互相残杀。今海内初定，敢有私复仇者皆族之。”（《魏志·文帝纪》）晋律稍宽，许弟子追杀仇人，但又规定会赦及过失杀人者，不得报仇。[4]南朝梁武帝与北魏均颁布诏令禁止复仇。[5]综观这一段历史，基本上复仇活动为法令所严禁，虽然偶有例

[1]《后汉书·张敏传》：“建初中，有人侮辱人父者，而其子杀之，肃宗贳其死刑而降宥之，自后因以为比。是时遂定其议，以为《轻侮法》。”

[2]《后汉书·张敏传》：“夫《轻侮》之法，先帝一切之恩，不有成科班之律令也。夫死生之决，宜从上下，犹天之四时，有生有杀。若开相容恕，著为定法者，则是故设奸萌，生长罪隙。孔子曰：‘民可使由之，不可使知之。《春秋》之义，子不报仇，非子也。而法令不为之减者，以相杀之路不可开故也。”

[3]应该指出的是，尽管汉代法律禁止复仇，但经学文献中仍肯定复仇的正当性，如《白虎通义·诛伐》中说：“子得为父报仇者，臣子之于君父，其义一也。忠臣孝子所以不能已，以恩义不可夺也。故曰：‘父之仇，不与共天下；兄弟之仇，不与共国；朋友之仇，不与同朝；族人之仇，不共邻。’故《春秋传》曰：‘子不复仇，非子。’子夏曰：‘居兄弟之仇如之何？仕不与同国，衔君命遇之不斗。’父母以义见杀，子不复仇者，为往来不止也。《春秋传》曰：‘父不受诛，子不复仇可也。’……诛犹责也，诛其人，责其罪，极其过恶。”复仇问题在经律之间，始终存在两种截然相反的观点，这也加强了问题的复杂性。

[4]《晋律·刑法志》：“贼斗杀人，以劾而亡，许依古义，听弟子得追杀之。会赦及过误相杀，不得报仇，所以止杀害也。”

[5]见《梁书·武帝纪》太清元年诏；《魏书·世祖纪》太延元年诏。

外[1]，但与汉代的基本情况无异。

唐律中对复仇并无明文规定，但《唐律疏议·斗讼》“祖父母为人殴击子孙即殴击”条规定：“诸祖父母、父母为人所殴击，子孙即殴击之，非折伤者，勿论；折伤者，减凡斗折伤三等；至死者，依常律。”[2]从这条律文看，致死者依旧要依常律处理，准此推论，若遇亲仇，亲属仍须报官治罪而不能私自复仇，对罪犯的处置之权在官而不在民，民间擅杀依旧在禁止之列。但与此同时，《唐律疏议·贼盗》“亲属为人杀私和”条又规定:“诸祖父母、父母及夫为人所杀，私和者，流二千里；期亲，徒二年半；大功以下，递减一等。受财重者，各准盗论。虽不私和，知杀期以上亲，经三十日不告者，各减二等。”[3]复仇固为法律所不许，但父母被人杀死而私自和解，实大有悖于孝道，为伦理所难容，故唐律对私和亲仇者给予重处，而受财私和者，更形同盗窃，为法律所严惩。宋律基本沿袭唐律，但《宋刑统·斗讼》对复仇加入了一条说明，即“臣等参详，如有复祖父母、父母之仇者，请令今后具案，奏取敕裁”[4]。也就是说，凡遇子孙复仇的情形，要由皇帝来亲自夺，这种做法表明法律虽不承认复仇的权利，但同时给予特殊的考虑，不失为一兼顾礼法的弹性办法。明清时期，在唐宋律令的基础上，关于复仇的法律进一步完善，除祖父母、父母为人所杀，子孙登时将凶手杀死可免罪外，事后报仇均要追究法律责任。[5]

---

[1] 如北周武帝曾下令：“若报仇者，告于法而自杀之，不坐。”见《隋书·刑法志》。

[2] 长孙无忌等撰，刘俊文点校：《唐律疏议》，第422页，中华书局，1983年。

[3] 同上，第333页。

[4]〔宋〕窦仪等：《宋刑统》，第357页，中华书局，1984年。

[5]《明史·刑法志二》曰：“复仇，惟祖父被殴条见之，曰：‘祖父母、父母为人所杀，而子孙擅杀行凶人者，杖六十。其即时杀死者勿论。其余亲属人等被人杀而擅杀之者，杖一百。’”又，《大清律例·刑律·父祖被殴》所附咸丰二年（1852年）修改例曰：“祖父母、父母为人所杀，凶犯当时脱逃，未经到官，后被死者子孙擅遇杀死者，照擅杀应死罪人律，杖一百。其凶犯虽经到官拟抵，或于遇赦减等发配后，辄敢潜逃回籍，致被死者子孙擅杀者，杖一百、流三千里，若本犯拟抵后援例减等，问拟军流，遇赦释回，国法已伸，不当为仇。如有子孙敢复仇杀害者，仍照谋故杀本律定拟，入于缓决，永远监禁。至释回之犯，复向死者子孙寻衅争闹，或用言讥诮，有心欺凌，确有实据者，即属怙恶不悛，死者子孙忿激难堪，因而起意复仇致毙者，仍于谋故杀律上减一等，拟以杖一百、流三千里。”从这条律文来看，清律对复仇的立法规定较之前朝更加细密、完善了。

总之，通过以上的讨论，我们可以看出从秦朝开始，法律对于复仇基本持严禁的态度，直至清代，这一基本趋势始终未变。不过，正式的法律规定是一回事，事实上对复仇者的司法判决又是另外一回事。由于儒家复仇观念的深入人心，社会舆论对复仇者往往表现出同情与赞赏的立场，儒家的伦理要求与法律责任常处于矛盾的状态，这对于司法审判不能不说是一种障碍。在中国古代，法律与伦理原非泾渭分明，事实上，维护纲常名教的不坠已成为传统律法最为核心的内容；在复仇这一问题上，一方面国法难容，另一方面又于情可矜，故而实际上对复仇者常有宽大的处理，而民间褒扬复仇的声音也不绝如缕。例证如下：

①酒泉庞淯母者，赵氏之女也，字娥。父为同县人所杀，而娥兄弟三人，时俱病物故，仇乃喜而自贺，以为莫己报也。娥阴怀感愤，乃潜备刀兵，常帷车以候仇家。十余年不能得。后遇于都亭，刺杀之。因诣县自首。曰："父仇已报，请就刑戮。"福禄长尹嘉义之，解印绶欲与俱亡。娥不肯去。曰："怨塞身死，妾之明分；结罪理狱，君之常理。何敢苟生，以枉公法！"后遇赦得免。州郡表其闾。太常张奂嘉叹，以束帛礼之。（《后汉书·列女传》）

②县人防广为父报仇，系狱，其母病死，广哭泣不食。意怜伤之，乃听广归家，使得殡敛。丞掾皆争，意曰："罪自我归，义不累下。"遂遣之。广敛母讫，果还入狱。意密以状闻，广竟得以减死论。（《后汉书·钟离宋寒列传》）

③同郡缑氏女玉为父报仇，杀夫氏之党，吏执玉以告外黄令梁配，配欲论杀玉。蟠时年十五，为诸生，进谏曰："玉之节义，足以感无耻之孙，激忍辱之子。不遭明时，尚当表旌庐墓，况在清听，而不加哀矜！"配善其言，乃为谳得减死论。乡人称美之。（《后汉书·周黄徐姜申屠列传》）

赵娥为父报仇的故事在当时引起很大轰动，不但"遇赦得免"，而且受到朝野舆论的一致褒奖。防广与缑玉复仇的故事也广为流传，本来杀人者当死，但二人最终的结果均得以减死论。事实上，关于复仇者所得到司法宽赦的案例，不但汉代有之，历朝历代都有类似的例子，限于篇幅，这里就不一一列举了。[1]这种现象的出现说明由于复仇问题牵扯到礼法、经律的冲突，很难得到一个完满的解决方案，于是每遇类似事件的发生，如何处置得当就成为士大夫阶层争论的焦点。下面讨论的三个复仇案件都出现在唐代，针对应如何处理复仇者的问题，争论各方给出了截然相反的意见，而无论最后的处理结果如何，总难以令所有人都心服口服。礼、法既要兼顾又难以两全，问题的复杂性端在于此。

案件一：

武则天时，下邽人徐元庆之父徐爽被县尉赵师韫所杀，元庆为报父仇改名易姓在一处官驿当差，后来赵师韫过宿此驿，元庆将赵杀死，并自囚诣官。武后欲赦其死罪，但时任左拾遗的陈子昂提出异议：

先王立礼以进人，明罚以齐政。枕干仇敌，人子义也；诛罪禁乱，王政纲也。然无义不可训人，乱纲不可明法。圣人修礼治内，饬法防外，使守法者不以礼废刑，居礼者不以法伤义，然后暴乱销，廉耻兴，天下所以直道而行也。

元庆报父仇，束身归罪，虽古烈士何以加？然杀人者死，画一之制也，法不可二，元庆宜伏辜。《传》曰："父仇不同天。"劝人之教也。教之不苟，元庆宜赦。

臣闻刑所以生，遏乱也；仁所以利，崇德也。今报父之仇，非乱也；行子之道，仁也。仁而无利，与同乱诛，是曰能刑，未可以训。然则邪由正生，治必乱作，故礼防不胜，先王以制刑也。今义元庆之节，则废刑也。迹元庆所以能义动天下，以其忘生而及于德也。若释罪以利其生，是夺其德，亏其义，非所谓杀身成仁、全死忘生之节。臣谓宜正国之典，寘

[1] 详见瞿同祖：《中国法律与中国社会》，第84~89页，中华书局，2003年。

之以刑，然后旌闾墓可也。（《新唐书·孝友传》）

陈子昂的建议被采纳，于是，徐元庆正刑之后，受到立旌表闾墓的殊荣。不过，对此一事件的处理，顺宗时的礼部员外郎柳宗元又提出驳议，曰：

礼之大本，以防乱也。若曰：无为贼虐，凡为子者杀无赦。刑之大本，亦以防乱也。若曰：无为贼虐，凡为治者杀无赦。其本则合，其用则异。旌与诛，不得并也。诛其可旌，兹谓滥，黩刑甚矣；旌其可诛，兹谓僭，坏礼甚矣。

若师韫独以私怨，奋吏气，虐非辜，州牧不知罪，刑官不知问，上下蒙冒，吁号不闻。而元庆能处心积虑以冲仇人之胸，介然自克，即死无憾，是守礼而行义也。执事者宜有惭色，将谢之不暇，而又何诛焉？

其或父不免于罪，师韫之诛，不愆于法，是非死于吏也，是死于法也。法其可仇乎？仇天子之法，而戕奉法之吏，是悖骜而凌上也。执而诛之，所以正邦典，而又何旌焉？

礼之所谓仇者，冤抑沈痛而号无告也，非谓抵罪触法，陷于大戮，而曰彼杀之我乃杀之，不议曲直，暴寡胁弱而已。《春秋传》曰："父不受诛，子复仇可也；父受诛，子复仇，此推刃之道。复仇不除害。"今若取此以断两下相杀，则合于礼矣。

且夫不忘仇，孝也；不爱死，义也。元庆能不越于礼，服孝死义，是必达理而闻道者也。夫达理闻道之人，岂其以王法为敌仇者哉！议者反以为戮，黩刑坏礼，其不可以为典明矣。请下臣议附于令，有断斯狱者，不宜以前议从事。（《新唐书·孝友传》）

柳宗元以为旌诛不可并用，况元庆为父报仇，符合经义，是达理闻道之人，反以为戮，与礼不合，故认为正法徐元庆的做法实在不妥。

案件二：

唐玄宗时，张瑝、张琇为报父仇将御史杨汪杀死，“时都城士女，皆矜琇等幼稚孝烈，能复父仇，多言其合矜恕者”。中书令张九龄也建议将张氏兄弟免罪，但裴耀卿、李林甫以为“国法不可纵报仇”，玄宗以为然，谓九龄曰：“复仇虽礼法所许，杀人亦格律具存。孝子之情，义不顾命，国家设法，焉得容此！杀之成复仇之志，赦之亏律格之条。然道路諠议，故须告示。”于是下敕曰：“张瑝等兄弟同杀，推问款承。律有正条，俱各至死。近闻士庶，颇有諠词，矜其为父复仇，或言本罪冤滥。但国家设法，事在经久，盖以济人，期于止杀。各申为子之志，谁非徇孝之夫，展转相继，相杀何限！咎繇作士，法在必行；曾参杀人，亦不可恕。不能加以刑戮，肆诸市朝，宜付河南府告示决杀。”

准此，瑝、琇兄弟被处死，但“士庶咸伤愍之，为作哀诔，榜于衢路。市人敛钱，于死所造义井，并葬瑝、琇于北邙。又恐万顷（按：指杨汪）家人发之，并作疑冢数所。其为时人所伤如此”。（《旧唐书·孝友传》）

此一案件以瑝、琇兄弟被正法而终结，不过，宋人胡寅以为这样的处理结果有伤孝子之心，故有一大段议论以表明其立场，兹引之如下：

复仇固人之至情，以立臣子之大义。仇而不复，则人道灭绝，天理沦亡。故曰：“父之仇，不与共戴天；君之仇视父。”张审素未尝反，为人妄告。杨汪受命往按，遽以反闻，审素坐斩，此汪之罪也。瑝与琇忿其父死之冤，亡命报之，其失在不讼于司寇，其志亦可矜也。张九龄欲宥之，岂非为此乎？而裴、李降敕之言，何其戾哉！设法之意，固欲止杀，然子志不伸，岂所以为教？且曰“曾参杀人，亦不可恕”，是有见于杀人者死，而无见于复仇之义也。杨汪非理杀张审素，而瑝、琇杀汪，事适均等，但以非司寇而擅杀当之，仍矜其志，则免死而流放之可耳。若直杀之，是杨氏以一人而当张氏三人之命，不亦颇乎！（《文献通考·刑考》卷一六六）

胡寅的结论是瑝、琇兄弟宜免死而流放，处死二人量刑过重，有失偏颇。

案件三：

唐宪宗时，富平人梁悦父为秦果所杀，悦杀仇，诣县请罪。诏曰："在《礼》父仇不同天，而法杀人必死。礼、法，王教大端也，二说异焉。下尚书省议。"（《新唐书·孝友传》）职方员外郎韩愈献议曰：

伏以子复父仇，见于《春秋》，见于《礼记》，又见于《周官》，又见于诸子史，不可胜数，未有非而罪之者也。最宜详于律，而律无其条，非阙文也。盖以为不许复仇，则伤孝子之心，而乖先王之训；许复仇，则人将倚法专杀，无以禁止其端矣。夫律虽本于圣人，然执而行之者，有司也。经之所明者，制有司也。丁宁其义于经，而深没其文于律者，其意将使法吏一断于法，而经术之士，得引经而议也。

《周官》曰："凡杀人而义者，令勿仇，仇之则死。"义，宜也，明杀人而不得其宜者，子得复仇也。此百姓之相仇者也。《公羊传》曰："父不受诛，子复仇可也。"不受诛者，罪不当诛也。又《周官》曰："凡报仇雠者，书于士，杀之无罪。"言将复仇，必先言于官，则无罪也。

今陛下垂意典章，思立定制。惜有司之守，怜孝子之心，示不自专，访议群下。臣愚以为复仇之名虽同，而其事各异。或百姓相仇，如《周官》所称，可议于今者；或为官吏所诛，如《公羊》所称，不可行于今者。又《周官》所称，将复仇，先告于士则无罪者。若孤稚羸弱，抱微志而伺敌人之便，恐不能自言于官，未可以为断于今也。然则杀之与赦，不可一例。宜定其制曰：凡有复父仇者，事发，具其事由，下尚书省集议奏闻。酌其宜而处之，则经律无失其指矣。（《旧唐书·刑法志》）

根据韩愈的建议，经尚书省反复斟酌，宪宗下敕曰："复仇杀人，固有彝典。以其申冤请罪，视死如归，自诣公门，发于天性。志在徇节，本无求生之心，宁失不经，特从减死之法。宜决一百，配流循州。"（《旧唐书·刑法志》）于是，梁悦虽未被赦罪，然终免于一死。

通观上述三个案例，都涉及为父报仇的司法处理，其中两案的复仇者（徐元庆与张瑝、张琇兄弟）被正刑处死，一案罪者被流放（梁悦），最终三案的审结都依照一定的法律规定来完成，但值得注意的是，围绕这些案件的争论始终未息。论者虽不能罔顾国家刑典，但对于复仇的正义性始终不敢提出异议。除裴耀卿、李林甫坚持"国法不可纵报仇"外，无论陈子昂、柳宗元、韩愈抑或胡寅，都认为复仇为儒家经义所许，并无不可，只不过柳宗元、胡寅偏于固守儒家经义的立场，而陈子昂、韩愈却试图兼顾礼法，陈子昂对徐元庆一案的意见是先明典正刑，再旌表其闾墓，韩愈干脆将这一烫手的山芋交由皇帝圣裁，他们看出了经、律在复仇问题上的冲突，于是只能居中调和，以期能够两全。事实上，这三个案件最终都由皇帝亲自裁决，除玄宗一意申明国法外，其余两案的当局者都在某种程度上顾及儒家经义的立场，承认了复仇行为的正当性，不过为了保证法律的尊严，不能将之无罪开赦而已。三个案例各不相同的处理结果又表明，血亲复仇问题始终是个介于法律与经义边缘的难题，一直困扰着朝臣，令人难以取舍。

第四章 现代的反思：孝的价值与意义

上面三章我们先后分析了儒家孝道思想的观念形态，其制度化的实践途径以及在法律文化视野下的表现形式，通过这些分析，我们对中国传统社会中孝德在观念领域与实践领域所占据的重要地位有了一个大致清晰的轮廓。通过文本的与历史的梳理，我们发现『孝』作为儒家的核心价值，在历史上产生了深远的影响，从比较文化学的角度看，这对于塑造中华文明的独特性格起到了十分重要的作用。中国传统社会在很大程度上受到纲常名教的观念系统的支配；尊卑长幼之序，君臣父子之伦，是这种系统的核心内容；而传统孝道思想的生长、发展、演变、消亡正是伴随这一历史情境而逐步展开、完成的。一种社会形态的特征由其推崇的核心价值观念所塑造，这无论是对于认识古代的抑或现代的社会均是如此。传统社会强调等级，现代社会标榜平等，古今之间的差异某种意义上正标示着观念的变迁与更替，考察这种变迁的历史能让我们认识到新旧思想与社会之间趋同变异的关节所在。正如上文指出的那样，孝的思想脱胎于中国传统的宗法社会，并在此后两千多年得以发扬光大，这种状况与中国传统社会的组织、结构形式密切相关；而清末以来，中国社会旧有的组织秩序逐渐土崩瓦解，随之附丽其上的观念体系也受到空前的质疑。在本章中，我们首先从清末至五四运动时期非孝的文化浪潮谈起，在辨清这一传统与现代分野的基础上，对孝的现代价值作一些反思性的讨论。

第一节

清末民初思想界的"非孝"浪潮

纲常名教是中国传统社会的组织原则，也是其社会核心价值观的集中体现。由《白虎通义》所揭橥的三纲之说支配传统社会两千余年而不坠，其中自有深刻的社会经济原因。此意陈寅恪先生早在《王观堂先生挽词并序》中已有所说明，兹引之如下：

夫纲纪本理想抽象之物，然不能不有所依托，以为具体表现之用；其所依托以表现者，实为有形之社会制度，而经济制度尤其最要者。故所依托者不变易，则依托者亦得因以保存。吾国古来亦尝有悖三纲违六纪无父无君之说，如释迦牟尼外来之教者矣，然佛教流传播衍盛昌于中土，而中土历世遗留纲纪之说，曾不因之以动摇者，其说所依托之社会经济制度未尝根本变迁，故犹能借之以为寄命之地也。近数十年来，自道光之季，迄乎今日，社会经济之制度，以外族之侵迫，致剧疾之变迁；纲纪之说，无所凭依，不待外来学说之掊击，而已销沉沦丧于不知觉之间；虽有人焉，强聒而力持，亦终归于不可救疗之局。[1]

从社会经济制度的变迁着眼，以论证中国文化之理境的根源所在，较之单纯的观念分析自是更进一层。中国传统所谓纲纪之说，依托于有形之社会制度，质而言之，便是家族主义与小农经济的发达，本书第二章第一节对此已有所申述。中国传统思想中崇尚孝道之理由也是以维护父子一伦

[1] 刘梦溪主编：《中国现代学术经典》之《陈寅恪卷》，第846页，河北人民出版社，2002年。

而设，正如陈先生所言，过去亦尝有“悖三纲违六纪无父无君之说”，[1]但由于社会结构未出现根本变化，故纲纪之说仍可岿然不动。但清末以来，外族入侵所导致的社会制度的急剧变迁，已将三纲学说推至崩塌的边缘；而孝的价值因其与纲常名教的牵连，也受到空前的质疑，这种局面与传统士人所谓的“非孝”论述自不可同日而语。下面我们就将视线集中于清末以来思想界接连出现的“非孝”论述上，通过对这一历史现象的分析，来说明中国社会由传统向现代过渡所引起的价值观念的剧烈转变。

近代自道咸以来，西学东渐之风日炽，西方的政经制度、文化风俗渐被引介至中国，西方社会崇尚的根本价值，如自由、平等、正义之类开始通过翻译著作被国朝士人所认识；一些有欧游背景的士人通过亲身感受，也开始注意到西方社会的真实面貌，通过比照对观，他们日渐意识到支配中国社会的纲常名教之说不过是一特殊的价值系统，并不具有普世的有效性。而西方社会所表现出的文明之风更非当时的中国社会所能企及，让我们姑举一例以说明之。王韬是近代著名的开明人士，他于1867—1870年游欧，对欧洲社会曾有亲切的观察，后来他根据这段旅欧经历撰成《漫游随录》一书，书中对西方人的生活方式颇多褒奖，如他记录在爱丁堡的一段交游如下：

余之至埃丁濮也，主于纪君家。每莅访友人之舍，悉皆倒屣相迓，逢迎恐后。名媛幼妇，即于初见之顷，亦不相避。食则并席，出则同车，觥筹相酬，履舄交错，不以为嫌也。然皆花妍其貌而玉洁其心，秉德怀贞，知书守礼，其谨严自好，固又毫不可以犯干也。盖其国以礼义为教，……以教化德泽为本，而不徒讲富强。欧洲诸邦皆能如是，固足以持久而不敝也。[2]

[1] 如东汉末年出现的名教危机中，有人就公然质疑父子关系的天然合理性，进而否定孝的价值。如《后汉书·孔融传》记载：融前与白衣祢衡跌荡放言，云：“父之于子，当有何亲？论其本意，实为情欲发耳。子之于母，亦复奚为？譬如寄物瓶中，出则离矣。”

[2] 王韬：《漫游随录》，第135页，湖南人民出版社，1982年。

这段文字乃据其亲身经历所录，想必王韬对于西方人交往礼仪的印象十分深刻，故才有如此生动的回忆。这里没有当时中国社会所严守的男女大防，也没有等级尊卑之别，西方社会在人际交往中所体现出的人格平等是当时的中国社会所不可想象的。王韬用“其国以礼义为教，以教化德泽为本”概括之，虽仍回归到儒家语言，不过，这种礼义教化的内涵与中国传统儒家的教义相去甚远，是一望而知的。

平等意识的觉醒为中国近代士人反对传统的纲常名教之说提供了有力的思想武器。传统的父子、君臣、夫妻之关系建立的最大基础便是尊卑之别。子事父以孝，臣事君以忠，名教之规定也是以这种不平等的人格关系为前提的。可以说，名教之所由设正在于维护君父的权威，而罔顾臣子的权利。这一点无论是守旧士大夫阶层抑或提倡新学的人士都看得十分清楚。让我们姑且各引例证申论之。张之洞是近代洋务运动重要的代表人物，他以持守“中体西用”之论而闻名，1896年，他出版《劝学篇》一书，在论及“中体”之内容，以保存三纲为主要的部分，《劝学篇·明纲第三》曰：

“君为臣纲，父为子纲，夫为妻纲。”此《白虎通》引《礼纬》之说也。董子所谓“道之大原出于天。天不变，道亦不变”之义本之。……亲亲也，尊尊也，长长也，男女有别，此其不可得与民变革者也。五伦之要，百行之原，相传数千年，更无异义，圣人所以为圣人，中国所以为中国，实在于此。故知君臣之纲，则民权之说不可行也；知父子之纲，则父子同罪免丧废祀之说不可行也；知夫妇之纲，则男女平权之说不可行也。[1]

这段文字很清楚地表明，在张之洞眼中，中国文化区别于西学的特色正是所谓三纲之说，此乃“不可得与民变革者也”。是“中国之所以为中

[1]张之洞：《劝学篇》，第70页，中州古籍出版社，1998年。

国”的根脉所在，如果背离三纲，那么也就意味着放弃中体西用中最核心的价值，中国就不成中国了。

另一个守旧派力挺三纲的例子是刘廷琛。他上书的背景是清末法律改革引入了西方的自由平等理念，这本身就是对儒家纲常观念的清除，在奏请删改新律的折子中，他说：

伏惟皇上孝治天下，而新律导人不孝；皇上旌表节烈，而新律导人败节。该法律大臣受恩深重，曾习诗书，亦何至畔道离经若此。臣反覆推求其故，则仍以所持宗旨不同也。外国风教攸殊，法律宗旨亦异，欧美宗耶教，故重平等，我国宗孔孟，故重纲常。法律馆专意摹仿外人，值（置）本国风俗于不问，既取平等，自不复顾纲常，毫厘千里之差，其源实由于此。[1]

中西风俗之不同，在于所持宗旨之异，中国人重纲常名节，西方人尚平等自由。刘廷琛的这道奏折尽管充满了对于新法的厌恶，但抛却其强烈的感情色彩不论，他将中西两种截然不同的法政原则和盘托出，却是相当准确的概括。

以上两个例子说明朝臣中仍不乏守旧人士极力维护纲常名教于不坠，但时事变迁，儒家的这种政教原则在欧风美雨的冲击之下，渐渐失去其合法性地位，摧破三纲的声音在思想界不绝于耳，已成大势所趋。谭嗣同作为维新派的代表是近代冲决罗网最为激烈的人物，他的著作《仁学》一书充满了对三纲学说的批判。在他犀利的笔锋下，传统礼教腐朽、摧残人性的一面被暴露无遗。让我们来看他的几段话：

[1]《大学堂总监督刘廷琛奏新刑律不合礼教条文请严饬删尽摺》［宣统三年（1911年）二月二十三日］，见《清末筹备立宪档案史料》（下册），第888页，中华书局，1979年。

①以名为教，则其教已为实之宾，而决非实也。又况名者，由人所造，上以制其下，而不能不奉之，则数千年来，三纲五伦之惨祸烈毒，由是酷焉矣。君以名桎臣，官以名轭民，父以名压子，夫以名困妻，兄弟朋友各挟一名以相抗拒，而仁尚有少存焉者得乎？[1]

②中国积以威刑箝制天下，则不得不广立名为箝制之器。……君父以责臣子，臣子亦可反之君父，于箝制之术不便，故不能不有忠孝廉节等一切分别等衰之名，乃得以责臣子曰："尔胡不忠？尔胡不孝？是当放逐也，是当诛戮也。"忠、孝既为臣子之专名，则终必不能以此反之。……施者固泰然居之而不疑，天下亦从而和之曰："得罪名教，法宜至此。"[2]

③名之所在，不惟关其口，使人不敢昌言，乃并锢其心，使不敢涉想。愚黔首之术，故莫以繁其名为尚焉。君臣之名，或尚以人合而破之。至于父子之名，则真以为天之所合，卷舌而不敢议。不知天合者，泥于体魄之言也，不见灵魂者也。子为天之子，父亦为天之子，父非人所得而袭取也，平等也。[3]

上述三段文字均以批判名教之所由设入手，①、②两段说明以名为教造成的残毒现实，③则着重批判父子之名的不近人情，最后点出平等二字，以取代传统父尊子卑的等级关系。因为企慕平等，故谭嗣同有一大胆的设想，即以朋友一伦取代五伦，以建立新型的人伦关系，他说：

五伦中于人生最无弊而有益，无纤毫之苦，有淡水之乐，其惟朋友乎。顾择交何如耳？所以者何？一曰"平等"；二曰"自由"；三曰"节宣惟意"。总括其义，曰不失自主之权而已矣。[4]

---

[1] 谭嗣同：《仁学》，第93页，中州古籍出版社，1998年。

[2] 同上，第93～94页。

[3] 同上，第197页。

[4] 同上，第200页。

强调平等、自由以及个人的自主之权，这种论调充满了启蒙运动以来西方所坚守的新价值，向为儒家正统所未闻。

如果说谭嗣同批判儒家名教的立场在戊戌变法前后尚属激进，那么至五四时期，中国思想界风云突诡，反孔教再也不是离经叛道之举，而已然成为主流。在一些学者看来，传统的儒家教义与专制政治之间有着千丝万缕的联系，因此，批判传统文化，不仅是纯粹的观念之争，还意味着对现实社会的强烈关怀。本书不可能全面清理这一思想运动，仅就关涉到题旨的部分作一概要式的说明。前面指出，对名教的批判自清末以来已成大势所趋，儒家的孝道伦理因其与伦常观念的密不可分也成为矛头所指，谭嗣同对父子关系的议论已发其端，不过尚未严格否定孝的价值。五四时期的作家则更进一步，正式提出了对孝道的质疑。其中，最有代表性的人物是被胡适称为“只手打倒孔家店的老英雄”吴虞。吴虞对儒家孝道的批判与其早年的家庭生活有关，他在1915年写了一篇著名的《家族制度为专制主义之根据论》，力陈儒家孝弟思想与专制政治之间的关系，轰动学界。他说：

儒家以孝弟二字为二千年来专制政治与家族制度联结之根干，而不可动摇。……其主张孝弟，专为君亲长上而设。但求君亲长上免奔亡弑夺之祸，而绝不问君亲长上所以致奔亡弑夺之故，及保卫尊重臣子卑幼人格之权。夫为人父止于慈，为人子止于孝，似平等矣；然为人子而不孝，则五刑之属三千，罪莫大于不孝；于父之不慈者，固无制裁也。君使臣以礼，臣事君以忠，似平等矣；然为人臣而不忠，则人臣无将，将而必诛；于君之无礼者，固无制裁也。是则儒家之主张，徒令宗法社会牵制军国社会，使不克完全发达，其流毒诚不减于洪水猛兽矣。[1]

---

[1] 吴虞：《家族制度为专制主义之根据论》，见《吴虞集》，第63~64页，四川人民出版社，1985年。

又引孟德斯鸠之言曰：

支那孝之为义，不自事亲而止；盖资于事亲，而百行作始。彼惟孝敬其所生，而一切有近于所生，如长年、主人、官长、君上者，将皆为孝敬之所存。自支那之礼教言，其相资若甚重者，则莫如谓孝弟为不犯上作乱之本是已。盖其治天下也，所取法者，原无异于一家。向使取父母之权力势分而微之，抑取所以致敬尽孝之繁文而节之，则其因之起于庭闱者，其果将形于君上；盖君上固作民父母者也。夫，孝之义不立，则忠之说无所附；家庭之专制既解，君主之压力亦散；如造穹窿然，去其主石，则主体堕地。[1]

将儒家提倡的孝弟与专制政治、家族制度相关联，又以孝道之所由设乃在于防止臣下犯上作乱，以维护君权，进而痛陈忠孝一体之危害，吴虞对孝弟的批判不是着眼于孝弟本身之价值，而是牵连其学说所生发之意义，这是最能煽动人心的做法，其文字引起当时社会大多数人的共鸣也就不难想象了。其实，这种论证手段不惟吴虞个人的发明，在五四时期，很多激进的学人都对中国的孝道与家族主义的联系有过类似的批评，如陈独秀说：

宗法社会尊家长，重阶级，故教孝；宗法社会之政治，郊庙典礼，国之大经，国家组织，一如家族，尊元首，重阶级，故教忠。忠孝者，宗法社会封建时代之道德，半开化东洋民族一贯之精神也。[2]

李大钊也说：

打破大家族制度的运动，是打破父权专制的运动，是打破夫权专制的

[1] 吴虞：《家族制度为专制主义之根据论》，见《吴虞集》，第65页，四川人民出版社，1985年。

[2] 陈独秀：《陈独秀文章选编》，第89页，三联书店，1984年。

运动，是打破男子专制社会的运动，也就是推翻孔子的孝父主义、顺夫主义、贱女主义的运动。[1]

1919年，吴虞又写了一篇《说孝》的文字，重申孝道的负面意义，在文末，他说道：

我的意思，以为父子母子不必有尊卑的观念，却当有相互扶助的责任。同为人类，同做人事，没有什么恩，也没有什么德。要承认子女自有人格，大家都向“人”的路上走。从前讲孝的说法，应该改正。[2]

这篇文字以人本主义的观点引入人格平等的观念，虽承认亲子之间有“相互扶助的责任”，但认为孝的说法已经过时，集中反映了五四新文化运动提倡的新价值与旧伦理之间的区隔，传统与现代的分野在此得以清晰地展现，儒家教义不能适应新时代的要求已是不言而喻的事了。

[1] 李大钊：《李大钊选集》，第301页，人民出版社，1959年。
[2] 吴虞：《说孝》，《吴虞集》，第177页，四川人民出版社，1985年。

第二节

孝的价值：从现代的角度看（上）

中国传统上是个重孝的国度，两千余年专制王朝的统治，始终将孝的伦理价值视为社会安定、民俗良善的基础。“以孝治天下”的口号不仅标明统治者的政治取向，也是整个传统社会的组织原则。从思想史的历程看，孝作为儒家的核心观念由精英文化进入普通人的意识，并逐渐受到全社会普遍的认同，这其中经历了漫长的历史演变；而对于孝道的重视与提倡，并不单纯是统治阶级一手包办造就的，这当中凝聚着相当深厚的民间感情，也是不能略而不论的。总之，中国传统社会孝文化的形成是社会各个方面合力促成的结果，不能简单划归为任何单一的原因。从长程的历史角度看，孝道的精神价值向来备受推崇，最少受到质疑，只是到近代，随着外来观念的引入，非孝的舆论才渐渐成势。如今时过境迁，当我们重新检讨孝的伦理价值时，首先要摒弃主观的好恶以及时事的牵绊，用严肃的、历史的、平心静气的观点对其做出公允的评价，还原它的面貌。

上文说过，分析孝文化的形成有观念与制度两个层面，检讨孝文化的历史价值也应该由此着手，尽管这两个方面常常很难截然分离，但在概念上将两者做有意识的区隔十分必要。本节先来讨论思想层面的问题，下一节则集中于对其制度安排的检讨。

中国的孝文化以儒家思想为其根干，孝德的提出最初与周代宗法社会的政治制度有关，到了春秋时期，孔子对孝的理念做了一番新的改造，“善事父母”逐渐成为孝的基本内涵。本书第一章就说过，儒家孝道思想是对亲子间幽深之爱的一种提撕与凝结，是将人性美好而光明的一面扩充生发，进而以为仁民爱物的根苗。可以说，孝的原始动力在于人的爱亲本能，只不过儒家在此基础之上又进行了很多规范性的细节描述，将这种出于人类原始的、非理性的情感向人文的、理性的方向引导，并最终提炼为“孝”的观念以约束子女的思想与行为，从塑造中国人的文化性格方面着眼，儒家孝文化的深厚积淀无疑发挥了极其关键的作用。

儒家的孝道思想包含丰富的内容，以现代的眼光观之，其中良莠互现，既有需要我们继承的部分，也有应当摒弃的糟粕，让我们来依次论述之。

首先，必须承认的是，尽管子女与父母彼此间的关爱都是出于自然，但仍存在程度上的差别。一般说来，由于生物繁衍与抚育后代本能的驱使，父母对子女的关心与慈爱较之子女对父母的情感在程度上要强烈一些，故从人类社会通常的情形看，父母关心子女的成长是较为自然的事，而当子女成年之后，组建了家庭，又有了自己的儿女，生活重心便随之转移。这时，子女对父母的依赖感减弱，与父母的关系也日渐疏离，未必能够做到“善事父母”，这也是人之常情。《论语》记载孟武伯问孝的例子可以充分说明这种亲子之爱的差别所在。“孟武伯问孝，子曰：‘父母唯其疾之忧。’”朱注曰：“言父母爱子之心无所不至，唯恐其有疾病，常以为忧也。”[1]这话的反面是说，子女对父母未必能做到如此“疾忧”，故子女应顺此体父母之心，才能理解孝的真义。正因为人类的亲子之爱存在这种不对等的情况，故儒家强调孝的价值，更能彰显人文教化的意图，凸显人之存在的道德性，这种努力的方向是受人尊敬的，应当予以充分的肯定。

其次，儒家论孝将仁的精神注入其中，以孝弟为仁之本，这是以家庭生活作为培养人的道德能力的起点，准此，儒家崇尚孝道的原因不仅仅是要回报父母的养育之恩，更重要的一点是要借以成就一个人的德性，造就一个谦谦君子。至于因何之故儒家会如此看重家庭生活的价值，近代大儒梁漱溟先生对此的回答是：“中国之以伦理组织社会，最初是有眼光的人看出人类真切美善的感情，发端在家庭，培养在家庭。”[2]又说：“中国

[1]朱熹：《四书章句集注》，第55页，中华书局，1983年。

[2]梁漱溟：《中国文化要义》，第80页，上海世纪出版集团，2005年。

缺乏宗教，以家庭伦理生活来填补它。”[1]这里有两点内容需要说明。第一，家庭伦理生活是人类美德的发端处，父母与子女之间，乃至兄弟姊妹之间，皆有至亲骨肉之情，处于这种天然的人伦关系之中，最能培育人类互亲互爱的精神，由此扩而充之，便易于成就一个人对全人类普遍的爱与责任。这是儒家提倡孝道的第一层意思。第二，中国传统社会向来缺乏西方严格意义上的宗教生活，即使有儒释道三教，但总体说来，中国宗教的世俗化意味都比较重，且大部分人的生活都与宗教处于若即若离之间，故人们的日常生活中缺少超越与神圣的维度。而中国传统的家庭伦理生活在某种程度上正填补了这一空白。过去人常说“居家自有天伦乐”，家庭生活对于中国人的重要程度不亚于西方宗教生活对人生的意义，故从这一点来说，中国人对家的认知凝聚着类似于宗教的情感，这也是不错的。

再次，儒家论孝有“养生”与“送终”的两面，这涉及对孝行的具体规定，具有相当的可操作性，本书第一章对此已经有了比较详细的分疏。就“养生”的一面讲，儒家重视子女对父母生前的衣食赡养，但强调精神性的恭顺与敬重。孔子所谓：“今之孝者，是谓能养。至于犬马，皆能有养；不敬，何以别乎？”（《论语·为政》）孟子所谓“养口体”与“养志”之别，都是从此立论，而标示出“敬”与“养志”的优先地位，以突出孝的精神维度。从现代的角度观之，这反映了一种健康和乐的亲子关系所必备的特征，即便对于当代生活也具有很大的参考价值，是儒家孝道思想的合理内核，理应被继承下来。不过由于古今之别，在一些涉及观念方面的问题，可能时易世变，应有所斟酌损益，这也是不可避免的。比如古人以无嗣为大不孝，这既与当时重男轻女的社会意识有关，也反映了古人敬宗法祖与血脉延续的生命观，这种观念带有很强的父权社会的色彩，已

[1] 梁漱溟：《中国文化要义》，第79页，上海世纪出版集团，2005年。

很难为当今的人们所接受[1]，故对于这种陈旧的、不合时宜的思想，因时取舍，也是理所当然的选择。这提醒我们在继承古人思想遗产的时候，必须考虑到时代的限制，才能不落入泥古不化的境地。

另外，就“送终”的一方面讲，儒家强调慎终追远，严守丧祭之礼，并有“三年之丧”的礼制规定，这些内容都反映了儒家对身后世界的重视，也是传统上人子履行孝道十分重要的内容。可以说，儒家崇尚的治丧程序是相当隆重而庄严的，而在丧祭活动中所要求的大量繁文缛节无不表现出强烈的象征意味与对仪式感近乎苛刻的追求。这种文化取向在过去自有其时代背景。也应该承认，参与这一整套的丧祭程序对子女的身心必起到极大的震动效应，进而激起其对考妣无限的追思之感。这种严苛的礼制规定对人心有莫大的教化作用自不待言，其“礼意”悬鹄的高尚也无可怀疑；不过，“三年之丧”历时太久，墨家就曾批评其有伤生害物，靡费过当之嫌，这也颇中肯綮，并非是故意作梗为难。如今，我们回顾儒家的丧祭观念，一方面自是要对其所由设之本意有同情的了解，另一方面要承认其历史的局限，而过分抬高或贬低其价值都不是可取的科学的态度。

最后，我们需要对中国传统孝文化所牵涉的等级与身份观念略说几句，以结束本节的讨论。前文提及，纲常名教是中国传统社会的组织原则，等级名分之别、尊卑长幼之属，既规定了一个人所处的社会地位，所扮演的社会角色，也对其所应当履行的责任与义务提出了相应的要求。特别是到了汉代以后，在三纲学说下的父尊子卑原则为父子关系定下了基调，孝道的实践与此密切关联。我们不能否认，儒家重孝的初衷确有维护父权，保障家长权威之意，但尊卑观念的流行更多是继承了法家的传统，

[1] 其实即使在封建社会，一些开明人士也开始反思这种观念，如袁枚在《慰王麓园丧子书》中就说：“有子与无子，非圣贤意也。说者动以无后为不孝云云，不知孝者人所为，有后无后者天所为。待天而后成孝，非教也。商臣、盗跖，皆有后者也，得谓之孝乎？邓攸、羊祜，皆无后者也，得谓之不孝乎？天下虫豸雀鼠，跂行喙息之物，靡不煦妪鞠育，孳孳爱其雏，其心岂以为后哉？阴阳之生机使然耳。人为万物之灵，当以礼节之。”见袁枚：《小仓山房诗文集》（第三册），第1537页，上海古籍出版社，1988年。

而汉代三纲之说的建立是儒法合流的混合产品，在思想性格上与先秦儒学是有一定距离的。严格说来，父尊子卑、父为子纲的说法，其弊端首先在于对父子关系赋予了鲜明的等级色彩，在实践中容易造成人格的不平等，并过分保障了尊者的利益而罔顾卑者的权利，清代著名思想家戴震对此深有感触，他喟叹道：

尊者以理责卑，长者以理责幼，贵者以理责贱，虽失，谓之顺；卑者、幼者、贱者以理争之，虽得，谓之逆。于是下之人不能以天下之同情、天下所同欲达之于上；上以理责下，而在下之罪，人人不胜指数。人死于法，犹有怜之者；死于理，其谁怜之！[1]

戴震的这一批评有很强的现实针对性，也说明名教之弊发展到清代已具有很强的负面效应了。近代以来思想界出现的“非孝”风潮往往都与摧破三纲的声浪相呼应，这反映出由于披上了名教这层意识形态的外衣，在父尊子卑的原则之下，孝道的实践已发生了严重的异化。以今天的标准来看，我们固然应该正视父子之间存在的身份差别，但等级、名分、尊卑的观念则不宜存于今日，我们有理由认为孝道的实践脱离名教的羁绊将会获得更加有生命力的发展，新的时代必将赋予其新的历史内涵。

[1] 戴震：《孟子字义疏证》，第10页，中华书局，1961年。

第三节

孝的价值：从现代的角度看（下）

孝道思想在中国传统社会不单是一种论说资源，而且具有强烈的实践性，它与民众的日常生活息息相关，是塑造人们行为的重要价值原则。不过，一种观念在社会中的力量不仅表现为这个社会中的人群对其的认知或实践，更重要的是，通过国家的制度安排，观念往往与权力相结合而成为具有强制性质的意识形态，人们如果不按照它的要求去规范行为，便会受到国家强力的制裁，这种情况古今皆然，不过因价值的变迁，不同时代所尊奉的观念原则各有不同而已。如现代社会我们往往将民主作为一个社会文明进步的标志，民主的观念也通过种种制度安排影响到社会生活；在观念层面，讨论民主的利弊自然是允许的，但假若有人企图以实际行动推翻民主制度，则必不能为国家所容，所以，尽管观念塑造了制度，但制度的强制力往往是观念所不及的。而两者一旦结合，对民众的生活便能发挥出巨大的影响力。

一种观念如何落实为制度，并由国家力量保证其实施，这可以通过各种途径来完成。概括地说，国家可以通过政策、教育、法令等手段来促使观念实现。以孝的观念为例，上文第二章、第三章已论述其制度设计所注入的理念意图：汉代“以孝治天下”口号的提出便是一个显例，举起大要，如汉代帝王谥号中标出“孝”字的象征意义以及皇室“承宗庙”的政治意识都体现着这一理念；又如其选官原则是所谓的“举孝廉”，而政府也设立基层乡官“孝弟”的职位，以敦教化，并不时对之有物质上的奖励，这是将一部分国家治权开放给能够行孝的人；又如汉代《孝经》的传播也是在国家力量的支持下推行普及，并设有“《孝经》师”的教职专门负责传授这一儒家经典教材，从教育制度上保证其对民众的感染力。另外，汉代还出现了不少循吏，他们都恪守儒家原则，身兼吏师，以申孝弟之义，督导一方民俗，使之臻于良善，在他们的努力之下，精英文化与大众文化才得以沟通无碍，儒家思想与民众生活的结合才能更加水乳交融。自秦汉以后，历代王朝的律典都将孝的原则浸入其中，“不孝”成为罪名被载入法律，并随时代推移而逐渐完善，至唐代，又将“不孝”列入十恶重罪，而其条例中多含有维护名教的内容。此外，律法中关于亲亲相隐、复仇、存留养亲的规定，都在某种程度上考虑到孝的价值。可以说，在传统的儒教社会中，从国家的政治生活到民众的日常生活，种种制度安排无不体现着孝的原则。只是到了近代，随着儒教的没落以及立国理念的变迁，这种原则才逐渐退出国家制度设计的考虑。如今我们以历史的眼光考察其是非得失，这对于如何建设现代社会具有一定的借鉴价值。

从现代的角度看，孝属于私德，其适用范围是家庭，这是私人领域的伦理要求；而国家政治生活与法律生活则属公共领域，它处理的问题应是“众人之事”，两者属性不同，公私的界限应该明确划分。按照汉娜·阿伦特的经典分析，“公共”与“私人”乃是相互对立的一组概念。而最早的“公共/私人”二元对立体现在古希腊的城邦生活。古希腊人视城邦（polis）为自由公民活动的领域，而家庭（household）则是一个以自然血缘关系为基础的领域，这两种生活秩序之间存在着某些显著的差异。“公共领域（城邦政治生活）的基本原则是自由，而私人领域则由需求所支配。”[1]阿伦特关于公私领域的这种划分被现代政治哲学所广泛采用，成为处理伦理、政治问题的一种理论资源。以这种观点来反观中国传统社会，虽然事实上公共事务与私人事务隐约有别，但中国向来缺乏明确的公共领域与私人领域的划分。中国传统上组织社会的方式是费孝通先生所谓的“差序格局”，也就是以己为中心，依社会关系的亲疏远近来确定不同

[1] Hannah Arendt：*The Human Condition*，Chicago:University of Chicago Press，1958，转引自江宜桦：《公共领域中理性沟通的可能性》，许纪霖主编：《公共性与公共知识分子》，江苏人民出版社，2003年。

的待人处事的原则。在这一格局下，公和私是相对而言的，群己的界限常常富于弹性而模糊不清。这与西方社会“团体格局”的模式有着明显的区别。[1]西方的个人是相对于团体而言，它们之间是分子对全体的关系。在这种社会架构下，“一方面平等的观念，指在同一团体中各分子的地位相等，个人不能侵犯大家的权利；一方面是宪法观念，指团体不能抹杀个人，只能在个人们所愿意交出的一分权利上控制个人”；而中国传统思想里是没有这一套的，“因为我们所有的是自我主义，一切价值是以‘己’作为中心的主义”。[2]

由于传统上中国没有西方意义上的公共社会，故其伦理分类只是所谓的“五伦”，五伦所要求的都是私人间的规范，而与此相对应的公德意识则十分缺乏，此意梁启超在1902年所著的《新民说》一文中已有清晰的分判，在《论公德》一节中，他说：

我国民所最缺者，公德其一端也。……

道德之本体一而已，但其发表于外，则公私之名立焉。人人独善其身者谓之私德，人人相善其群者谓之公德，二者皆人生所不可缺之具也。……吾中国道德之发达，不可谓不早，虽然，偏于私德，而公德殆阙如。试观《论语》、《孟子》诸书，吾国民之木铎，而道德所从出者也。其中所教，私德居十之九，而公德不及其一焉。……旧伦理之分类，曰君臣，曰父子，曰兄弟，曰夫妇，曰朋友；新伦理之分类，曰家族伦理，曰社会伦理，曰国家伦理。旧伦理所重者，则一私人对于一私人之事也；新伦理所重者，则一私人对于一团体之事也。[3]

---

[1] 关于差序格局与团体格局的不同特征，参看费孝通：《乡土中国》，第25~30页，北京大学出版社，1998年。

[2] 费孝通：《乡土中国》，第28页，北京大学出版社，1998年。

[3] 梁启超：《新民说·论公德》，李华兴、吴嘉勋编：《梁启超选集》，第213~214页，上海人民出版社，1983年。

梁启超的这段文字见解十分敏锐，将新旧伦理之间的不同点全盘托出，注重私德而忽略公德，这是由中国传统社会的组织方式所决定的。明白了中西伦理取向上的这种不同，也就能了解为什么传统上那么看重一个人是否能够尽孝，因为在差序格局的社会里，人伦关系的始点是父子，在这一环履行了责任，也就有理由相信一个人在其他社会关系中也会恰当地做好他的本分。

另外，中国传统上的国家建构模式是所谓的“家国一体”，只有臣民而无公民的概念，“普天之下，莫非王土”，皇帝不仅是理论上国家的所有者，也是事实上的统治主体。谭嗣同说：“天下为君主囊橐中之私产，不始今日，固数千年以来矣。”[1]以国家为一家一姓的私产，传统中国的国家观念与希腊自由民管理城邦的模式基于完全不同的政治经验，因而建构国家的伦理要求也必然存在巨大的差异。所以，将属于家庭伦理范畴的“孝”引入国家的政治生活与法律生活，使之成为受国家力量保护的制度性安排，这在中国古代是很自然的事；而对于习惯将公私领域截然二分的民族来说，则是难以想象的。如今我们站在现代的角度反观传统的这种伦理诉求，当然可以对其提出不少批评，但如果考虑到传统国家的建构模式自是别有其理路，或许可以多一份同情的了解。

现在，我们要从权利与义务的角度进一步说明中西之间的差异。梁漱溟先生曾说：“在中国弥天漫地是义务观念者，在西洋世界上却活跃着权利观念。”[2]这真是充满洞见之言。前面说过，中国自秦汉以来，律典中就有“不孝”的罪名，子女一旦被告不孝，法律对其的惩处相当重，以现代的语言来说，“孝”乃是子女对父母所应尽的义务，法律对义务做了强制的规定，而往往对其应享之权利不加过问。梁先生对此举例：

如子女对父母说“这是我的权利”，“你应该养活我；你要给我相当

[1]谭嗣同：《仁学》，第183页，中州古籍出版社，1998年。

[2]梁漱溟：《中国文化要义》，第82页，上海世纪出版集团，2005年。

教育费”——便大大不合中国味道。假如父母对子女说“我应当养活你们到长大”，“我应给你们相当教育”——这便合味道了。就是父母对子女主张自己权利，亦一样不合。……要之，各人尽自己义务为先，权利则待对方赋予，莫自己主张。这是中国伦理社会所准据之理念。[1]

在这里，我们不禁要问：既然子女对父母有尽孝的义务，父母对子女也有教养的义务，为何传统律典偏重于对子女不孝的惩戒，而对父母的养育之责却疏于规定？传统法律这种强调片面义务的倾向大概只能归咎于其本质上仍是维护纲常观念的产品，故只重卑者一方的责任，对尊者的义务则不闻不问了。所以，我们在肯定其伦理价值的同时，也应对它的负面效果有清醒的认识，否则，陷入盲目崇古的窠臼中就要冒丧失清明理性的危险了。

本书从一个侧面对中国传统的孝文化做了一点探源的工作，但关于孝的话题却远远没有被穷尽。笔者希望在学界同仁的共同关注下，可以将这一领域的研究朝继续深入的方向推进，以使我们对中国的孝文化获得更加丰富的认识。

[1] 梁漱溟：《中国文化要义》，第82~83页，上海世纪出版集团，2005年。

参考文献

一、典籍

朱熹：《诗集传》，中华书局，1958年。

朱熹：《四书章句集注》，中华书局，2003年。

孙星衍：《尚书今古文注疏》，中华书局，1986年。

杜预注，孔颖达正义：《春秋左传正义》，十三经注疏本，中华书局，1980年。

何休注，徐彦疏：《春秋公羊传注疏》，十三经注疏本，中华书局，1980年。

郑玄注，孔颖达正义：《礼记正义》，十三经注疏本，中华书局，1980年。

孙诒让：《周礼正义》，中华书局，1987年。

刘宝楠：《论语正义》，上海书店，1996年。

焦循：《孟子正义》，中华书局，1957年。

唐玄宗注，邢昺疏：《孝经注疏》，十三经注疏本，中华书局，1980年。

孙诒让：《墨子间诂》，诸子集成本，上海书店，1986年。

魏源：《老子本义》，诸子集成本，上海书店，1986年。

王先谦：《庄子集解》，诸子集成本，上海书店，1986年。

王先慎：《韩非子集解》，诸子集成本，上海书店，1986年。

王聘珍：《大戴礼记解诂》，中华书局，1983年。

王先谦：《荀子集解》，诸子集成本，上海书店，1986年。

高诱注：《吕氏春秋》，诸子集成本，上海书店，1986年。

刘安著，高诱注：《淮南子》，诸子集成本，上海书店，1986年。
苏舆：《春秋繁露义证》，中华书局，1992年。
陈立：《白虎通疏证》，中华书局，1994年。
杨雄著，李轨注：《法言》，诸子集成本，上海书店，1986年。
韩婴著，许维适校释：《韩诗外传集释》，中华书局，1980年。
桓宽：《盐铁论》，诸子集成本，上海书店，1986年。
刘向撰，向宗鲁校证：《说苑校证》，中华书局，1987年。
陈士珂：《孔子家语疏证》，上海书店，1987年。
徐元诰：《国语集解》，中华书局，2002年。
司马迁：《史记》，中华书局，1959年。
班固：《汉书》，中华书局，1962年。
范晔：《后汉书》，中华书局，1965年。
陈寿：《三国志》，中华书局，1965年。
房玄龄：《晋书》，中华书局，1974年。
沈约：《宋书》，中华书局，1974年。
姚思廉：《梁书》，中华书局，1973年。
魏征：《隋书》，中华书局，1973年。
刘昫等：《旧唐书》，中华书局，1975年。
欧阳修、宋祁：《新唐书》，中华书局，1975年。
宋濂：《元史》，中华书局，1975年。
杜佑：《通典》，中华书局，1988年。
长孙无忌等撰，刘俊文点校：《唐律疏议》，中华书局，1983年。
张之洞：《劝学篇》，中州古籍出版社，1998年。
戴震：《孟子字义疏证》，中华书局，1961年。

二、专著和论文

A

安居香山、中村璋八编：《纬书集成》，汉魏文化研究所，1964年。

艾尔曼：《经学、政治和宗族——中国帝国晚期常州今文学派研究》，江苏人民出版社，1998年。

C

陈寅恪：《隋唐制度渊源略论稿》，上海古籍出版社，1982年。

陈独秀：《陈独秀文章选编》，三联书店，1984年。

蔡元培：《中国伦理学史》，商务印书馆，1999年。

曹旅宁：《秦律初探》，中国社会科学出版社，2002年。

陈来：《古代思想文化的世界》，三联书店，2002年。

D

董作宾：《甲骨学五十年》，台湾艺文印书馆，1956年。

窦仪等：《宋刑统》，中华书局，1984年。

D.布迪、C.莫里斯：《中华帝国的法律》，江苏人民出版社，1995年。

丁鼎：《〈仪礼·丧服〉考论》，社会科学出版社，2003年。

邓小南：《祖宗之法——北宋前期政治述略》，三联书店，2006年。

F

费正清：《美国与中国》，商务印书馆，1987年。

冯友兰：《中国哲学简史》，北京大学出版社，1996年。

费孝通：《乡土中国》，北京大学出版社，1998年。

G

干春松：《制度化儒家及其解体》，中国人民大学出版社，2003年。

郭齐勇主编：《儒家伦理争鸣集——以“亲亲互隐”为中心》，湖北教育出版社，2004年。

H

黄留珠：《秦汉仕进制度》，西北大学出版社，1985年。

何平：《“孝”道的起源与“孝”行的最早提出》，载《南开学报》，1988年第2期。

贺麟：《哲学与哲学史论文集》，商务印书馆，1990年。

黄进兴：《圣贤与圣徒》，北京大学出版社，2005年。

胡适：《胡适学术代表作》（中卷），安徽教育出版社，2007年。

J

季乃礼：《三纲六纪与社会整合》，中国人民大学出版社，2004年。

K

康学伟：《先秦孝道研究》，台湾文津出版社，1992年。

L

李大钊：《李大钊选集》，人民出版社，1959年。

罗振玉编：《三代吉金文存》，中华书局，1983年。

梁启超：《梁启超选集》，上海人民出版社，1983年。

劳干：《汉代察举制度考》，见《中央研究院历史语言研究所集刊》第17册，中华书局，1987年。

罗素：《中国问题》，上海学林出版社，1996年。

林安弘：《儒家孝道思想研究》，文津出版社，2002年。

刘厚琴：《儒学与汉代社会》，齐鲁书社，2002年。

李零：《郭店楚简校读记》，北京大学出版社，2002年。
梁漱溟：《中国文化要义》，上海世纪出版集团，2005年。
刘海鸥：《从传统到启蒙：中国传统家庭伦理的近代嬗变》，中国社会科学出版社，2005年。
刘宝才：《求学集》，陕西人民出版社，2005年。
刘希烈：《论存留养亲制度在中国封建社会存在的合理性》，载《当代法学》，2005年5月第19卷第3期。

M
马作武：《略论中国传统法律的儒家化》，载《中山大学学报》（社会科学版），1997年第2期。

P
彭林：《再论郭店简〈六德〉"为父绝君"及相关问题》，载《中国哲学史》，2001年第2期。

Q
钱大群：《秦律"三环"论》，载《南京大学学报》，1988年第2期。
瞿同祖：《瞿同祖法学论著集》，中国政法大学出版社，2004年。
瞿同祖：《中国法律与中国社会》，中华书局，2003年。
瞿同祖：《汉代社会结构》，上海世纪出版集团，2007年。
秦进才：《〈孝经〉在两汉的传播》，载《石家庄学院学报》，2006年1月第8卷第1期。

S
《睡虎地秦墓竹简》，文物出版社，1978年。
宋金兰：《"孝"的文化内涵及其嬗变》，载《青海社会科学》，

1994年第3期。

舒大刚：《〈周易〉、金文“孝享”释义》，载《周易研究》，2002年第4期。

〔清〕沈之奇：《大清律辑注》，法律出版社，2000年。

苏力：《法律与文学》，三联书店，2006年。

T

谭嗣同：《仁学》，中州古籍出版社，1998年。

W

王明：《太平经合校》，中华书局，1960年。

王韬：《漫游随录》，湖南人民出版社，1982年。

吴虞：《吴虞集》，四川人民出版社，1985年。

王长坤：《先秦儒家孝道研究》，巴蜀书社，2007年。

吴昊：《存留养亲制度流变探析》，西南政法大学硕士学位论文（未刊稿），2005年。

X

邢义田：《秦汉史论稿》，台北东大图书公司，1987年。

萧公权：《中国政治思想史》，辽宁教育出版社，1998年。

薛允升：《唐明律合编》，法律出版社，1999年。

肖群忠：《孝与中国文化》，人民出版社，2001年。

许纪霖：《公共性与公共知识分子》，江苏人民出版社，2003年。

徐复观：《中国思想史论集》，上海书店出版社，2004年。

徐复观：《徐复观论经学史二种》，上海书店出版社，2005年。

夏光：《东亚现代性与西方现代性——从文化的角度看》，三联书店，2005年。

Y

杨树达：《汉代婚丧礼俗考》，上海文艺出版社，1988年。

袁枚：《小仓山房诗文集》，上海古籍出版社，1988年。

叶光辉：《孝道认知的类型、发展及其相关因素》，台湾大学心理学研究所博士论文（未刊稿），1993年。

阎步克：《士大夫政治演生史稿》，北京大学出版社，1996年。

于振波：《秦汉法律与社会》，湖南人民出版社，2000年。

于振波：《从“公室告”与“家罪”看秦律的立法精神》，载《湖南大学学报》（社会科学版），2005年9月第19卷第5期。

余英时：《现代儒学论》，上海人民出版社，1998年。

余英时：《士与中国文化》，上海人民出版社，2003年。

余英时：《东汉生死观》，上海古籍出版社，2005年。

杨天宇：《略论汉代的三年丧》，载《郑州大学学报》（哲学社会科学版），2002年9月第35卷第5期。

杨宽：《先秦史十讲》，复旦大学出版社，2006年。

Z

张纯、王晓波：《韩非思想的历史研究》，中华书局，1986年。

周天游：《古代复仇面面观》，陕西人民教育出版社，1992年。

张晋藩：《中国法律的传统与近代转型》，法律出版社，1997年。

朱红林：《张家山汉简〈二年律令〉集释》，社会科学文献出版社，2005年。

曾德雄：《谶纬的思想与时代》，香港国际学术文化资讯出版公司，2006年。

赵浴沛：《两汉家庭内部关系及相关问题研究》，湖北人民出版社，2006年。

查昌国：《先秦“孝”、“友”观念研究——兼汉宋儒学探索》，安徽大学出版社，2006年。

附录一

儒家“孝道”的历史内涵与现代价值

“孝道”作为一个凝结着传统社会共识的概念，对中国人有着深远的影响。站在历史的角度来看，中国的孝文化以儒家思想为其根干，孝德的提出最初与周代宗法社会的政治制度有关，但到了春秋时期，孔子对孝的理念做了一番新的改造，“善事父母”便逐渐成为孝的基本内涵。传统上，中国一直是个重孝的国度，两千余年专制王朝的统治，始终将孝的实践价值作为社会安定、民俗良善的基础。“以孝治天下”的口号不仅标明统治者的政治取向，也反映出整个传统社会的运行逻辑和组织原则。因此，孝不仅是衡量一个人私德的标准，也关涉着公共伦理的维度。下面，我想通过对“孝道”这一伦理概念的梳理，在厘清其基本内涵的前提下，分别以心理学、社会学、宗教人类学等多种学术话语为研究的视角，深入探讨孝道在传统社会所发挥的作用与功能；再以现代性的视野对其形成观照，以便对其现代价值做出反思性的评价。

一、“孝道”在传统社会中的基本内涵

传统社会中，衡量一个人私德的好坏，其是否能向父母行孝是一条相当重要的标准。“孝道”作为孝之观念的凝结，其中蕴含着非常丰富的意味。郭沫若通过对“祖”、“妣”这两个古文字的释读，认为尊崇祖妣的现象起源于先民的生殖崇拜与祖先崇拜，[1]而孝之观念的源起也与先民的

---

[1] 郭沫若：《释祖妣》，收入《郭沫若全集》第一册，第38页，科学出版社，1982年。

生殖崇拜有很大关系，只不过，后来随着人类社会的发展与进步，敬天法祖的观念逐渐与文明社会的礼法秩序相结合，“孝”的原型脱离了其原始的含义，而被赋予了新的意义。据可靠史料记载，商周时期，“孝”之宗教的意味仍重于其伦理的意味，而真正具有人文色彩与伦理色彩之“孝”观念的形成，至早已是春秋时期的事情了。按照徐复观先生的看法，孝道观念的出现最初与传子的宗法制度有密切关联，因为要巩固一个家天下的政权，首先要在家庭组织中形成稳定的秩序与礼仪，而“孝道”便是维护这种秩序的有效原则与理念。[1]

从现有材料来看，在先秦百家争鸣的学术环境中，儒家是竭力倡导孝道的学派，孔子、孟子、荀子等思想家都对孝道的具体内容颇有论述，而“孝道”作为一个观念的定型，也逐渐有了比较固定的含义。可以说，儒家文献对孝道的论述比比皆是，涵盖生死、病养、丧祭等各个方面的内容，简直到了巨细无遗的程度，如《孝经》中对此便有很精到的概括，其辞曰：“孝子之事亲也，居则致其敬，养则致其乐，病则致其忧，丧则致其哀，祭则致其严。五者备矣，然后能事亲。”（《孝经·纪孝行》）《礼记·祭统》也说：“孝子之事亲也，有三道焉：生则养，没则丧，丧毕则祭。养则观其顺也，丧则观其哀也，祭则观其敬而时也，尽此三道者，孝子之行也。”按照儒家的观点，在家庭伦理中，奉养父母既关涉到物质层面的供养，也要顾及精神层面的敬顺。值得注意的是，如果将人的生死看做是一个生命之连续体的话，那么，儒家所说的孝道不仅仅是指生前对父母的敬养得体，也融摄着当亲长离开这个世界的时候，同样要致以适度的丧祭仪式，以寄托对亲者的哀思；所以，丧祭以时也是“孝道”中一个十分重要的内容，而这往往是现代语境下很容易被忽略的部分。当然，现代社会作为一个总体上已被“祛魅”的社会，受文明进步观念的影响，对儒家所倡导的那一套繁复的丧祭仪式已失去了认同与敬畏的兴趣，这也是理之所致，势有必然，但从历史研究的角度出发，丧祭之礼确是儒

[1]徐复观：《中国思想史论集》，第133~134页，上海书店出版社，2004年。

家孝道的重要组成部分，而其中“礼义”也不乏精彩的部分，当为现代社会所吸纳继承，这一点似乎还未引起人们足够的关注。[1]

二、亲亲之心：“孝道”的心理学基础

孔子曰：“弟子入则孝，出则弟，谨而信，泛爱众而亲仁，行有余力，则以学文。”（《论语·学而》）在家庭伦理的范围内，儒家首申孝悌之义，这种基于朴素情感的看法其实有着深厚的心理学依据，让我们来对此进行仔细的检讨。一般而论，子女与父母彼此间的关爱与亲昵是出于生物血缘亲近的本能，而“亲亲之心”是这种事实得以存在的根据。从心理学的角度来看，人需要一个漫长的幼儿期作为过渡，才能蜕变为一个心智与人格健全的个体，而这一漫长的过程，就现有的文明秩序而言，无疑是在家庭的环境下完成的。父母在培育子女长大成人的过程中，耗费了大量的精力与心血，倾注了无私的爱与关切，才最终将其抚养成人；而子女在家庭组织的抚育下，感受着成人世界的规则与秩序，学习生存的技能与知识，在爱与关怀的情感下成长，完成一个幼小生命向成熟个体的转变，这其中也包含着无尽的艰辛与挑战，才能终而实现生命旅程惊人的跳跃。就个体角度来说，家庭是人之生活的温馨港湾，特别是对幼儿而言，培养安全感与爱的能力，家庭无疑是最重要的场所；对父母的依赖与服从也在这种环境下渐渐成为理所当然的一种选择。

某种程度上，我们可以说“亲亲之心”的存在，是孝道得以成立与扩展的基础与前提，此一心理根据正是孟子所谓不学而知，不虑而能的“良知良能”，是天之赋予人的特殊秉性，也是人之异于禽兽的根本标志所在。孔子将“亲亲之心”看做是“仁”德的种子，故有“其为人也孝弟，而好犯上者鲜矣。不好犯上，而好作乱者，未之有也。君子务本，本立而道生。孝弟也者，其为仁之本与”（《论语·学而》）的经典论断；孟子

[1] 参拙作：《儒家慎终追远观念下的“丧”与“祭”》，未刊稿。

则更进一步，将亲亲之心与不忍人之心相绾合，并从道德心理学的角度提出“四端之心”的说法，为仁心仁德的成立奠定了更加坚实的基础。儒家先哲的这些话头既可以让我们对儒学推崇孝道的立说主旨有更清醒的认识，也为我们深入理解儒家思想的性格与理路提供了很好的说明与注脚。不夸张地说，儒家看重亲亲之心的价值，并将其看做个人德性成长的根苗，以此扩而充之，进而实现对一个谦谦君子的塑造，正是基于对此一人之心理事实的深刻体认而得出的结论。

孝道既由“仁心”的扩展而成立，也是为仁之方的下手处与用力点，因此受到儒家先贤的极力推崇，但或许，我们还可以从人类生理和心理成长的角度来臆测一下儒家推重孝道的另一份苦心。一般而论，由于生物繁衍与抚育后代本能的驱使，父母对子女的关心与慈爱较之子女对父母的情感在程度上要强烈一些，故从人类社会通常的情形看，父母关心子女的成长是较为自然的事，而当子女成年之后，组建了家庭，又有了自己的儿女，生活重心便随之转移。这时，子女对父母的依赖感减弱，与父母的关系也日渐疏离，未必能够做到“善事父母”，这也是人之常情。这种亲子之爱存在差别。

三、作为社会治理策略的“孝道”

从现代伦理的标准来看，孝道关涉的是家庭伦理的范畴，属私德的领域，似与公德无涉，但在传统社会，由于农耕文明的社会组织原则是以家庭为单位而展开的伦理秩序的扩展，这一社会格局的形成是费孝通先生所谓的“差序格局”，[1]即随着社会关系亲疏远近的不同，而形成以己为中心的大小各异的同心圆圈子，并根据这些圈子的特质来确定不同的待人处事原则。在这一特有的社会格局下，公和私是相对而言的，群己之间的界限也常常极富弹性而模糊不清，因此，严格来说，在中国的传统社会中，

[1] 费孝通：《乡土中国》，第25~30页，北京大学出版社，1998年。

私人领域与公共领域是很难做到截然划分的。

因此，孝道的实践尽管属于家庭伦理的范围，但在传统社会中，由于受忠孝一体的家国观念的限制，实际上，它所发挥的作用并不局限于家庭之内，孝道的功用被放大到社会生活的方方面面，成为维系政教秩序与净化良善风俗的一种道德说教，对规范人们的行为产生了相当深远的影响。证诸典籍，如“孝，天之经，地之义，民之行也”（《孝经》），“夫孝者，天下之大经也”（《大戴礼记·曾子大孝》），“夫孝，置之而塞乎天地，溥之而横乎四海”（《礼记·祭义》）等说法俯首皆是，便是这种

作是人之道德生活中十分重要的一个

而被反复倡导，特别是宋代理学兴盛

理的层次，向父母履行孝道已升格为

而不容人们有任何离经叛道的异端之

后，其所思所行便被列入毁坏纲常的

强烈谴责。戴震所谓“以理杀人”的

，孝道之正面价值也正是在这种社会

思想行为的桎梏而受到严正的批判与

理社会的手段与策略而加以运用，对

，既与它的组织模式有关，也是儒家以德治国方略的一种具体而微的表现形式。孔子曰：“道之以政，齐之以刑，民免而无耻；道之以德，齐之以礼，有耻且格。”（《论语·为政》）儒家似乎相信，要维系一个国家的长治久安，靠严刑峻法只能收一时之效，真正的治安长策是以礼乐化民，以德政惠民，在民众中兴起一种普遍的良善风俗，以与善政仁政交相滋养；唯有此，社会才能走上良性发展之路，民众才能安居乐业。儒家向来崇尚一种道德化的生活方式，而这种生活方式的实质，是由礼仪规范行为而内化的个人教养与外在的良善社会秩序的总和，也就是说，道德化的生活既关涉着个人德性的维度，也关涉着政教秩序的维度。作为社会治理策略的孝道，正是在这一点上实现了

两者的交会，故孝道的生命力与价值得以彰显。

四、三年之丧：孝的宗教礼仪之维

前面说过，按照儒家的观点，孝道应当包括生则敬养与丧祭以时两个方面。过去人们对孝道的谈论一般从敬顺父母的角度来展开，这是对健在父母致以关怀与敬意，并奉养得当的重要表现，但它不是孝道的全部内容。在本节中，我们将视线拉进一个通常较少被提及的问题，也就是对过世的父母致以丧祭礼仪以彰显孝道的这一特殊面相，通过对丧祭仪式及其背后所蕴含之礼义的讨论，以便对孝道所关涉之宗教礼仪之维有所见解与评论。

儒家以亲死为人道之大变，故对于治丧致祭都极为重视。现存《礼记》四十九篇中，关于丧祭礼仪及其相关问题的讨论几乎占《礼记》全部篇幅的三分之一。而据胡适的考证，“儒”之原意为殷民族的教士，儒作为一种职业，其专长即是治丧相礼，如此看来，儒家作为继承这一传统而兴起的思想学派，精通与强调丧祭礼仪就不值得奇怪了。概而论之，“丧”与“祭”其实是两个不同的问题，“丧”是指对于刚刚过世的父母致以安葬、守丧等一系列程序性的活动与仪式的过程。“祭”则是对去世已久的父母或祖先表达思慕之情的奠念活动。丧与祭，构成了儒家慎终追远的完整观念，也是人子事亲履行孝道的一个重要环节。关于丧祭仪式之价值，《大戴礼记·盛德》中有一段话说得十分明白：

> 凡不孝生于不仁爱也，不仁爱生于丧祭之礼不明。丧祭之礼所以教仁爱也，致爱故能致丧祭，春秋祭祀之不绝，致思慕之心也。夫祭祀，致馈养之道也。死且思慕馈养，况于生而存乎？故曰：丧祭之礼明，则民孝矣。故有不孝之狱，则饰丧祭之礼也。

这段文字表明，由于不孝生于不仁爱，故讲求丧祭之礼旨在以仁爱之心教人，“丧祭之礼明，则民孝矣”。从文献中我们还可以得知，在整个治丧活动中，儒家对丧祭行为的描述往往由很多细节性的规定构成，[1]而这些细节性的行为在今天看来都是十分繁复的，也具有相当的程式性。实际上，儒家严察丧祭之礼，不仅仅是出于对“礼”的服从，更重要的是对这种仪式感背后所蕴含情感的疏通与表达。

在儒家的观念里，子女为父母服丧，最重要的礼制，大概要算是对“三年之丧”的规定了，限于篇幅，这里无法仔细讨论“三年之丧”的具体内容，但在这三年的丧期当中，有虞祭、卒哭祭、小祥祭、大祥祭、禫祭等一些名目，并伴有各种仪式的举行，其程序相当繁复细致。在这种种丧祭的环节中，孝子既要履行“礼”的形式，又要通达其中所寄托的精神性含义，其中，表达对父母的思慕之念，寄托忠信爱敬的感情，则是整个祭祀活动的主题。从祭祀的最本质含义上讲，移“情”的因素居于核心地位，而在志思慕之情的同时，“敬”的表达也成为十分重要的要求。可以想见，由于祭祀的过程充满着孝子坦恻诚挚的感情，在整个庄严肃穆的祭祀场景中，通过与亡灵的感应交流，“祭”之意义得以充分的实现。而这样令人印象深刻的祭祀活动同时也充满了教化的意味，其感人至深的力量很容易让人在潜移默化中变得恭敬和善。总之，丧祭之礼所折射出一个宗教礼仪的维度，这种已为现代价值所裁汰之活动，在传统社会扮演着十分重要的角色，有不容忽视的社会功能，这似乎不应被笼统视为封建糟粕而被扫入历史的垃圾堆中，它所反映之深层价值在现代社会同样值得被努力发掘。

五、孝道的现代处境及价值

推崇孝道作为传统中国社会的一种文化选择，是经过历史积淀而形成的客观事实，在某种意义上，它已成为中华民族的文化基因深深扎根于每

[1] 参见《礼记·问丧》中对哭丧的描述。

个中国人的心中，成为塑造中国人文化性格的重要因素。但是，我们必须注意到，一种文化传统的传承，不仅需要寻求历史的追认——它是否能够保持长久的生命力；关键还在于它是否能够适应现代人的心灵，是否能与现代人的生活世界发生关联，从而以一种“活”的方式存在于现实生活之中。近百年来，中国社会在急剧变革的历史洪流的裹挟之下，传统的经济生产方式、社会组织结构、政教礼法秩序、伦理价值观念等无一不经受强烈的冲击，而五四新文化运动以来，随着自由、平等、人权、民主等现代观念的传播，中国传统的伦理纲常更是遭遇到前所未有的挑战，在这种历史情境下，儒家的孝道观也不免受到空前的审视和质疑。例如，被胡适称作“只手打倒孔家店的老英雄”吴虞就认为儒家孝弟思想的实质乃在于为专制政治和家族制度背书，孝道之所由设乃在于防止臣下犯上作乱，以维护君权、父权之不坠。他说：“儒家以孝弟二字为两千年来专制政治与家族制度联结之根干，……其主张孝弟，专为君亲长上而设，但求君亲长上免奔亡弑夺之祸，而绝不问君亲长上所以致奔亡弑夺之故，及保卫尊重臣子卑幼人格之权。”[1]吴虞的这种论调引起当时很多学者的共鸣，新文化运动的主将陈独秀、李大钊等一些知识分子对于儒家也多持类似的看法，受此风气所及，五四时期的思想界弥漫着一股浓烈的“非孝”浪潮。一百年前儒家所遭遇之历史情势实际上预示着二十世纪中国社会全面反传统的开端，而知识界对于儒家的很多看法都带有十分情绪化的色彩，实际上是很成问题的。如今时移世易，当我们重新检讨孝的伦理价值时，首先要摒弃主观的好恶及时事的牵绊，而代之以一种历史的、理性的态度来对它作心平气和的讨论，并用现代的眼光审视之，以便对儒家的孝道观作出恰如其分的评价。

应当承认，中国的孝文化包含着十分丰富的内容，其中既有需要我们继承的部分，也有应予以摒弃的糟粕。如今，我们重新审视儒家的孝道

[1] 吴虞：《家族制度为专制主义之根据论》，《吴虞集》，第63~64页，四川人民出版社，1985年。

伦理，其立足点当然是为了有益于当下的生活，站在现代社会的立场来看，由传统的文化土壤孕育而来的“孝道”在当代还有没有生命力，是否需要因时损益？这是我们必须认真面对的问题。经过前面的讨论，不难发现，儒家孝文化的形成是一个源远流长的传统，“孝道”之根本精神是“仁”，儒家提倡孝道的背后实际上有一套完整的哲学思想的支撑，既有很高的理论高度，也有强烈的现实关怀。前面说过，儒家推崇孝道，有两个重要的考量，一是出于报答父母养育之恩的感恩意识，二是将孝弟看做是为仁之本的根苗，以便为个人成德提供一个最切近的下手之处。儒家认为，家庭伦理生活是人类美德的发端处，父母与子女之间，乃至兄弟姐妹之间，皆是至亲骨肉之情，这种出于血缘纽带的人伦关系，最能培养人类互助互爱的精神，由此情感推而广之，便易于成就一个人对全人类普遍的爱与责任。可以说，这是“孝道”精神之根本意，是“孝道”最深层之内核，应该说，即便用现代眼光来看，这两条理据仍是站得住脚的，是经得起历史检验的。其次，由理念降落为行为，儒家对“孝”之落实有很多原则性的论述，比如既重视对父母的衣食赡养，但更强调对尊长的恭顺与尊重，特别是标示出“敬”的优先地位，以突显孝之精神维度。又如，孝之为德并不是单方面地顺从父母，若父母有过失不当之处，子女也要委婉地提出劝告，即孔子所谓的“事父母几谏”。可以说，这些都是儒家有关“孝道”论说中精彩的部分，是值得肯定和继承的优秀文化，对当代人仍有很大的启示意义，不仅没有过时，而且在我们这个物质主义与个人主义盛行的时代，更有其独特的价值。

但是，由于受到历史的局限，传统的“孝道”在实践过程中也存在很大的缺陷，其中最大的问题就是受到纲常名教的束缚而发生了变异。众所周知，纲常名教观念的形成是汉代儒法合流之后儒家思想的一次重要转折，三纲之说便是在这种思想背景下提出的，而等级名分之别、尊卑长幼之序，是贯穿三纲的一个重要原则。因此，在三纲学说下的儒家孝道，在实践中往往会异化为过分保障尊长而罔顾卑幼之权利，甚而发展到所谓“以理杀人”的地步，严重摧残了人的自由与个性。五四运动以来思想界出现摧破三纲的声浪，实际上也反映出在名教外衣包裹之下的儒家，在实践中已异化到何种荒谬的程度。因此，在新的时代条件下，我们固然要继承发展“孝道”，但必须摒弃传统中陈腐的等级、尊卑观念，只有在人格自由、平等基础上建立起来的“孝道”，才能摆脱传统名教的羁绊而获得新生，以为现代人的生活提供精神、价值的指引。

附录二

儒学与民主政治[1]

——以评述牟宗三的《政道与治道》为中心

现代政治一般被看成是处理人类公共事务的领域。基于平等原则，从理论上讲，任何人都不具备统治他人的先天根据。政府的成立系于契约关系，执政者仅作为选民的代理人而拥有合法性，涉及政治运作的实践层面，现代从政者仅负有职业责任，其私德之好坏一般不能作为衡量其政治能力大小的标准。权利、自由、平等、民主、宪政、法治，正是这些自由主义理念构成了当今政治哲学论辩的中心话题，而由之所形成的政治认同如今已深深嵌入我们对政治生活的理解当中，舍此而外的政治想象即便不是难于构建的，至少其合法性都要受到深刻的怀疑。

然而，所有这些现代政治耳熟能详的议题，并非为任何时代、任何地域的人们所普遍认同，公共领域与私人领域之间的区分，政治秩序中的平等原则，人类社会的契约论模式，代议制政府，所有这些建构现代政治认同的语词都是伴随资本主义兴起的现代政治现象，在人类的历史长河中，它的年龄还稍显年轻。民主政治即是这一年轻政治认同中最受人关注，也是人们讨论最多的一个话题。尽管民主政治已成为这个时代主流的政治认同，但我们必须认识到这样一个事实，即民主政治的大规模胜利是人类社会二十世纪才出现的成果，正如达尔所说：“直到两百年前——也可以说是十代人之前——民主在实际生活中的榜样的历史还是相当短暂的。”[2]

---

[1] 本文系广州市哲学社会科学2011年度规划课题“儒家视野下的社会正义研究”（课题编号：11Q47）的阶段性成果。

[2] 罗伯特·达尔：《论民主》，第3页，商务印书馆，1999年。

民主政治作为一个“本质上可争议”（thesis of essential contestability）的概念，可以用来指涉相当不同的东西。它既指一种政治制度，也可以指某种政治理想；它既是对现存政治模式的描述，也是对其内容或目标的规范。从狭义上讲，民主是一种“多数统治”的选举原则，“主权在民”是其最基本的内容，但现代民主一般又含涉对于少数人权利的尊重与保护，换句话说，多数人的暴政同样是一种暴政，多数人的意志决定并不能够成为否定少数人权利的正当理由，这样看来，民主实际上已经蕴含了一种权利与正义的观念。故按照Kenneth的建议，民主政治其实包括“主权在民”与“政治自由”两个向度[1]。此外，一些学者指出，“公民参与政治”或“政治参与”才是民主政治更加核心意思的表达，而这似乎也更值得引起重视；另外，在哲学层面上，民主又涉及对人性善恶及人类平等原则问题的讨论，更加泛化的说法则将民主与生活方式也联系在一起。

本文关注的主题不是对民主政治做一个概括性的描述，也不是分析民主政治的种种表现样式，但无论如何，上面这些意指都从一个侧面表达了民主政治的题中之义，而本文关注的焦点是民主政治理想性与规范性的一面，当然并不是完全排斥其经验性与描述性的面向。我们这里所说的民主政治，是作为与封建贵族政治、君主专制政治相对而言的一种政治形态。引起我们讨论兴趣的是这样一个话题：如果立宪的民主政治是一种现代政治中普遍存在的政治组织形式，儒学是否与其相容？如果答案是肯定的，那么，又在何种意义上与其相容？自五四新文化运动举起民主与科学的大旗以来，儒学饱受非议，抛开革命时代意识形态的影响与“打到孔家店”的激进情绪反应不论，在学理的层面上，我们必须面对或回应的问题是：儒学如果还能作为一种有生命力的文化传统存在于现代中国社会，而不仅

[1] 这里的政治自由包括言论自由、结社自由、新闻自由、组织反对党的自由、政府制裁、公平选举、民选首长等指标，详见Kenneth A Bollen, K A: Issues in the Comparative Measurement of Political Democracy, *American Sociological Review*, vol.45, pp.370~390. 转引自郭秋永：《当代三大民主理论》，第7页，新星出版社，2006年。

仅是作为博物馆的古董，那么，它要经历一番怎样的创造性转化才能实现其当代使命？而这正是牟宗三先生《政道与治道》一书中提出的中心问题所在。

一

中国传统社会没有发展出民主政治，这是毋庸讳言的。牟先生也承认："中国在以前于治道，已进自最高的自觉境界，而政道则始终无进展。……中国在以往只有治道而无政道，亦如只有吏治而无政治。"[1]这一论断在今天似乎已成为政治科学中的常识，无须再做过多的解释与评论。不过，这里需要指出的一点是：牟先生对于中国传统政治中一治一乱的模式以及君主专制都曾表示极大的不满，这在他的著述中曾屡被提及，如在《理性之内容的表现与外延的表现》一文[2]中，牟先生着力从三个方面批评中国传统政治的弱点，即"得天下"方面表现的不足、"治天下"方面的"人存政举，人亡政息"以及"仁者宜在高位"所成就的治者负担过重的问题。这三点固然是中国传统政治的弊端所在，如何摆脱传统人治模式的羁绊而发展出一套与现代政治相接洽的政治组织形式，这也便是牟先生《政道与治道》一书关怀的主要目标。在牟先生眼中，传统儒学经历了由先秦儒家开始发展到东汉末年的第一阶段，其中经学起到了很重要的作用；又经过了宋明理学的第二阶段，发展出一套儒学的"内圣"之学；直到当代儒家发展的第三阶段——其历史使命即是开创儒学所谓"外王"的一个崭新阶段。其中，民主政治是"新外王"的形式条件，科学则是"新外王"的材质条件，有了这两翼，儒学才能够在新的时代背景下重新焕发生机。[3]可见，儒学的当代发展是站在一个新起点上的重新展开，它

[1] 牟宗三：《政道与治道》，第1页，广西师范大学出版社，2006年。
[2] 同上，第110~135页。
[3] 同上，第4~11页。

要吸纳现代文明中优秀的价值原则，并在此基础之上熔新旧思想于一炉才可以在当代作为一种有说服力的价值形态而走近人们的生活，否则，终日讲论儒学，其结果只能停留在口头或书面之上，并不能使其“生动活泼”起来。

既然儒学的“新外王”首先是要开出“民主”与“科学”，那么，对于中国传统治道思想之研究必须首先回答为什么绵延几千年的中国传统政治没有发展出民主政治的问题。对此，我们可以有以下两点回应：第一，由于秦汉以降，中国在政治方面基本上是以地域广袤的大帝国形态为认同的典范，而君主专制便是帝国治理的主要模式。揆诸世界的其他文明形态，在近代以前，由于交通与通信手段的落后，在一个大帝国下实现民主几乎被认为是不可想象之事，而民主政治由于其一些潜在的缺陷，相较贵族政治与寡头政治，在政治哲学中也占不到较高的地位。因此，中国传统的政治实践没有发展出民主政治的路向，这实在是十分平常的事情。第二，在君主专制的社会中，统治者是依靠武力或世袭而取得政权的，在这一根源问题上，为政者不允许人们有离经叛道的想法；而在中国广大的土地上，民主政治的想法由于没有类似的经验可以凭借，故始终没有成长起来，这似乎也入情入理。我们不能用今天被认为是理所当然的理由去苛责古人，毕竟古今的时代境遇、社会结构、治理条件都有很大差异，以温情的敬意来看待古人，而不是一味求全责备，这应是看待历史的一条原则。所以，综此两点，中国传统社会没有发展出民主政治，用牟先生的话说，就是有治道而无政道，也就并不难索解了。

但是，政道的不通达明畅相应地也会影响到治道方面的落实与完成。中国传统的政治思想始终没有在政道方面想出一条长治久安的平安大道，治道方面的种种论说因此受到阻碍而未能顺畅发展，这是非常可憾的。因为“讲政治以第一义之制度为主，……而第二义之制度则属于治权或治道”。[1]没有根源处的立意通达，第二义的治道讲论也不能畅遂展开，这

[1]牟宗三：《政道与治道》，第20页，广西师范大学出版社，2006年。

种不言而喻的现实纠结在传统社会的兴衰之乱之中，便成为中国历史演变的最大悲剧所在。

二

如今，我们讨论儒学与民主政治的接轨，其中最主要的一条就是政权对于普通民众的开放，中国传统政治的兴衰治乱无常，其症结也正在于此。徐复观先生对此曾有很敏锐的观察，他说：

中国的政治思想，除法家外，都可说是民本主义，即认定民是政治的主体。但中国几千年的实际政治，却是专制政治。政治权力的根源，系来自君而非来自人民；于是在事实上，君才是真正的政治主体。……政治的理念，民才是主体；而政治的现实，则君又是主体。这种二重的主体性，便是无可调和对立。对立程度表现的大小，则形成历史上的治乱兴衰。[1]

在中国传统两千多年的政治实践中，尽管理论上是以民为本，但事实上却是君主本位，而由此大关节处的矛盾纠结所导致的政治生态的异化也就形成了传统政治的最大症结所在。其实，在君主专制发展到登峰造极的明代，黄宗羲就曾敏感意识到此问题的严重，在《明夷待访录》中，他屡次提道："三代以上，藏天下于天下；三代以下，藏天下于筐箧。"又说："古者以天下为主，君为客，凡君之所毕世而经营者，为天下也。今也以君为主，天下为客，凡天下之无地而得安宁者，为君也。"君民关系的本末倒置，进而发展到君主"以我之大私，为天下之大公"，乃至"视天下为莫大之产业，传之子孙，受享无穷"的政治现实，这与儒家政治理想的距离之大不可以道里计，而这种君主专制政治的惨刻寡恩也是对儒家政治

[1] 徐复观：《中国的治道》，见《儒家政治思想与民主自由人权》，第215～242页，八十年代出版社，1979年。

理想的背离与反动，其极端的版本与儒家之德化政治相距又岂止千里！

针对中国传统政治中有治道而无政道，有治人而无治法的现实，儒学第三期发展的使命表现在政权转移方面，即是由传统的“马上得天下”之暴力取得而转出和平过渡的民主政治，而这也便是现代新儒家力图将儒学传统进行一番创造性的转化以开出“新外王”的主要关怀所在。实际上，如果我们不对民主政治做“厚版本”的理解，而将其阐释为一种更“薄”的政治认同[1]，那么，它不但与儒学的本意不相违背，反而会与儒学兼而容之，并两相得以畅遂发展以获得新生。在某种意义上，这也是儒学摆脱作为传统帝国意识形态的外衣而必须走出的一条现代之路。对此，徐复观先生曾感慨地说：

中国历史中的政治矛盾，及由此矛盾所形成的政治悲剧，只有落在民主政治上才能得到自然而然的解决。由中国的政治思想以接上民主政治，只是把对于政治之“德”，客观化出来，以凝结为人人可行的制度。这是顺理成章，既自然，复容易，而毫不牵强附会的一条路。所以我常说凡是真正了解中国文化，尊重中国文化的人，必可相信今日为民主政治所努力，正是把中国“圣人有时而穷”的一条路将其接通，这是中国文化自身所必需的发展。[2]

中国传统的政治实践，由于缺乏民主，故对最高权源始终缺乏有效的监督与制约，故而只能对为政者提出道德的要求。正如阿克顿所说，绝对的权力只能导致绝对的腐败，靠个人的道德自律来实现仁政是社会理想，历史和实践都证明这只能是不切实际的幻想。儒家在这一点上真正碰到了“圣人有时而穷”的难题，而如何克服这一历史的“卡夫丁峡谷”，是儒

[1] 白彤东：《旧邦新命：古今中西参照下的古典儒家政治哲学》，第27~29页，北京大学出版社，2009年。

[2] 徐复观：《中国的治道》，见《儒家政治思想与民主自由人权》，第215~242页，八十年代出版社，1979年。

学在当代所承担的使命与责任。

通过以上的讨论不难发现，关于儒学与民主政治之间是否应当接轨的问题，以牟宗三、徐复观为代表的港台新儒家无疑是持肯定态度的，但这种立场在学界并非没有质疑的声音，以力倡春秋公羊学而闻名的蒋庆便是其中最有力的一个反驳者。在《政治儒学》一书中，蒋庆认为以牟宗三为代表的当代新儒家企图汇通儒学与民主政治的做法，至少有两大问题需要检视：一是当代新儒学的外王观是从心性儒学的反省中产生，忽视了另一儒学传统即政治儒学中的外王资源；二是当代新儒学的外王观以开出民主为标准，有变相西化之嫌。[1]对于第一个问题，蒋庆以春秋公羊学为政治儒学之大宗，并认公羊学为儒学外王之学，这一说法于史有证，确实开启了儒学研究的新视野，亦可补牟宗三等前辈学者治学取向上之不足。而蒋庆所谓“政治儒学”正可与“心性儒学”适成鸟之两翼，车之两轮，交相辉映以展现儒学之丰富面相，至其深病当代新儒家诸公未深入春秋公羊学之堂奥，以致不明政治儒学之大义，则苛求太过。学术各有持守，各有偏好，求全责备，似未公允。至于第二个问题，则牵扯甚广，这里只能论其大略。从蒋庆的观点来看，似乎民主并不是一种值得追求的价值，因为站在儒家“王道政治”的立场，政治秩序需同时具备民意（世俗）、超越（神圣）、文化（传统）三重合法性的基础，才算是理想的政治，[2]而民主政治至多只能代表民众的世俗意见，并非一种良善的政治模式。对蒋庆的这种论调，也许可以提出如下的反驳。首先，正如韦伯所说，我们所处的现代世界是一“脱魅”的世界，一切神圣的价值在这个世俗社会都难以引起共鸣，这并不是说不存在神圣的价值，而是说对于日常生活的认同是现代生活的根本处境，“诸神隐退”是现代性不可避免的命运。[3]而在个人主义盛行的时代，传统的纽带作用无疑被大大削弱了，况且，在我们

[1] 蒋庆：《政治儒学》，第43页，三联书店，2003年。

[2] 同上，第210页。

[3] 查尔斯·泰勒：《自我的根源：现代认同的形成》，第436~464页，译林出版社，2001年。

所处的多元文化社会中，关于神圣与传统有各种不同的理解，将儒家的王道政治贯彻到现实政治的制度安排中，这种做法只会遭到更多的质疑。其次，尽管民主政治并非十全十美的政治模式，但民主作为一种被广泛认同的政治价值，有其不可替代的优势。正像自由、人权等普世价值并非西方社会所专有一样，对于民主政治的认同，也无所谓中西之分，在这个地方提"变相西化"似乎并不合适。因此，笔者认为儒学的"外王说"在当代如果确要结出果实，与民主政治汇通仍然是一条不得不走的路，当代新儒家诸公在这方面的努力值得我们珍视。

三

如果说在政权方面，儒学需与民主政治相关联才能摆脱过去一治一乱的兴衰往替，那么在治权方面，则中国传统治道中的很多东西都值得我们认真挖掘学习。牟先生《论中国的治道》一文便对此多有拓展。在牟先生看来，中国以往的治道，有三个系统：儒家的德化治道，道家的道化治道和法家的物化治道。这三套治道的义理规模都完成于春秋战国时期，"其出现的历史文化背景是对周文的疲敝而发，其现实上的发展完成（即落于实际上的运用），是相应战国时的军国主义以及秦汉一统后的君主专制之政治形态而发展完成"。[1]这三套治道模式，已达极端微妙之境界，无论德化、道化或物化，虽有偏有全，有正有邪，但都有很深远的意义可以挖掘。下面我们依次述之。

儒家的德化治道，是由于孔子继承夏商周三代所累积而成的礼乐而然。礼乐者，本于人之性情，故亲亲之杀，尊尊之等，这是人与人之间关系的天然倾向；进而言之，五伦的观念得以凝结，就是平常所说的伦常；由伦常、性情，进而点出道德的心性，至孟子则曰仁义礼智，曰恻隐之心、羞恶之心、是非之心、辞让之心，于是"道德的心性"尤显，而

[1]牟宗三：《政道与治道》，第23页，广西师范大学出版社，2006年。

“德”的观念遂得以凝成。故儒家说的“德”是亲亲、尊尊、伦常、心性，其德化的治道之终极境界是“老者安之，朋友信之，少者怀之”，是程子所说的“天地气象”，是“乾道变化，各正性命，保合太和，乃利贞”。牟先生断言这种德化治道已升格至天地之德，它要求皇帝让开一步，使得物各付物，各得其所。这种德化的治道，其极就是法天。它并不把持任何物，而是“为政以德，则不动而化，不言而信，无为而成”。最后，牟先生对儒家的德化治道评论道：“这种治道之不足处，不是治道本身的问题，乃是政道方面的问题。假定相应政权有政道，民主政治成立，使政权与治权离，则此种治道当更易实现，且反而使自由民主更为充实而美丽。”由此可见，牟先生对儒家德化治道是充满着同情的了解，其分梳儒学以使其接榫自由民主之心亦昭然若揭。

而对于道家的道化治道，牟先生亦有清晰的分梳。他说：“道家所言的‘道’，即是由冲破外在的形式与人为的对待这两点而显示。在这转关上，道家具有浪漫的否定的精神，因此它成为反人文、非人文或超人文的。‘道’就是一个浑圆的绝对、自足的自然，故曰：‘道法自然。’”[1]职是之故，道家所说的“无为而无不为”只是休养生息，“这其中并无价值理想的意味，亦无参赞的作用”，这是道家的不足之处，值得警惕。但牟先生转而肯定，“无论儒家的德化，或道家的道化，其治道之最高境界都可说是天国境界、神治境界”。如此，则“道化的治道与德化的治道，自今日观之，实不是普通所谓政治的意义，而是超政治的教化意义”。

至于法家的物化治道，则是中国古典政治思想中最歧出的一支。这里所说的物，是指其物化人性，反智反德的意义而言。牟先生对前期法家的代表人物李克、吴起、商鞅等人，还有客气的评论，但到了申不害、慎到、韩非等人，则其评价的言辞顿然锋利了很多。如他说道：“韩非之教是极端愚民、独裁、专制之教。”又说：“法家发展成‘物化的治道’，

[1] 牟宗三：《政道与治道》，第29页，广西师范大学出版社，2006年。

则一切皆死，什么也不能说——事功、政治意义、客观精神，俱不能说。”另外，法家采取君主本位的立场，对于“术”的玩弄也是无所不用其极，郭沫若在《十批判书》中称韩非是“法术家”，而这种“君人南面之术”愈发挥得淋漓尽致，政治生态就愈糟糕。尽管一般思想史对法家的评价都不甚高，但中国传统政治中“外儒内法”却是一普遍的事实，而法家的那一套权谋机变可以说是浸透到中国人的骨髓，是挥之不去的梦魇，这在二十世纪中国的政治生活中仍能仿佛见之，物化治道影响之深且巨，欲彻底转化非朝夕之功可至知之矣。

儒家的德化治道、道家的道化治道与法家的物化治道，是牟先生对中国传统治道形态条分缕析所得出的结论，凝结着他对于中国传统政治哲学中之精义的创见，是我们理解中国传统政治哲学的一把钥匙。此外，在研讨中国传统政治的时候，牟先生还自创了很多别具一格的专有名词，其中有不少真知灼见值得仔细玩味。如他说：“中国以前只有‘治权的民主’，而没有‘政权的民主’。从考进士、科甲取士等处，即可见治权是很民主的。但是，真正的民主是‘政权的民主’。”这话便说得简洁明了，切中要害。又如他用理性之作用表现与理性的架构表现、隶属格局（Sub-ordination）与对列格局（Co-ordination），以及理性的内容表现与理性的外延表现等概念来指称中国过去政治的样式与现代政治所需要实现出来的样式之间的差别，尽管这些名词的用法各有侧重，但表达的基本意思还是一致的，而且也很形象地指出中国传统政治的不足与缺憾之处。

总之，《政道与治道》一书是分梳中国传统政治思想的一部力作，也是汇通儒学与民主政治的一部政治哲学的经典之作，书中关于儒学第三阶段的发展即在于开出“新外王”的说法，即便在今天看来也具有很深的启示意义。应该说，在牟先生写作此书之后的半个世纪，他所提出来的问题并没有过时，仍然需要我们在新的时代背景下重新思考，以期儒学的发展在新世纪能结出丰硕的果实。

参考文献：

1. 牟宗三：《政道与治道》，广西师范大学出版社，2006年。

2. 罗伯特·达尔：《论民主》，商务印书馆，1999年。

3. 郭秋永：《当代三大民主理论》，新星出版社，2006年。

4. 徐复观：《儒家政治思想与民主自由人权》，八十年代出版社，1979年。

5. 查尔斯·泰勒：《自我的根源：现代认同的形成》，译林出版社，2001年。

附录三

解释的困境：文本歧义与语境模糊

——《论语》注解中的解释学问题

《论语》作为儒家的经典作品，其流传已有两千多年的历史，虽说历代注疏不下百种，但古汉语不加句读的特殊书写习惯、文本语境缺失以及注家受自身时空条件的限制等，使得我们至今对《论语》的理解仍有很多不确定的地方。如何恰如其分地解释《论语》，这仍然是摆在我们面前的一个重要课题。当然，按照现代阐释学的理论，文本原意早已消逝在历史之中，我们的阅读活动从来就是一种创造性的诠释，作者的本意与读者的领会之间有着一道永远无法弥合的鸿沟，后现代诸公更有“作者已死”的宏论。凡此种种说法甚为时髦，也博得了学界的一些附和之声，但这并不意味着我们就可以对文本本身作出随意的解释，毕竟，在严肃的探寻文本本意与过度诠释乃至轻薄的误读之间还是有一个基本的界限。即便是出于创造性的误读，那么，不同的误读之间也不意味着具有同等的魅力与效力。以本文关注的古典注疏而论，历代注家对《论语》的解释各有许多难以协调一致的地方，对于有些字句的解释甚至会出现自相抵牾的现象，但我们相信，无论文本的真实含义如何，至少注家在注解《论语》时的态度都是极其严肃认真的。在传统经学研究占统治地位的时代，注疏经典向来被看作是一项神圣的工作，《论语》作为儒门首屈一指的圣典，更成为吸引学者倾注心力的重要文本。因此，关于《论语》文本的解释历来聚讼纷纷，莫衷一是。本文的目的不是对各家注疏《论语》是否得当做出一个折中调和的论断（事实上要做到这一点极为困难，原因详见后文），也不是品评各家注疏的优劣之处，而是要考察造成这种解释歧义的原因以及由此反映出的一些深层次的解释学问题。当然，本文也寄希望通过细致的分析帮助我们更好地认识到解读《论语》时所遇到的复杂因素，以便为我们更好地阅读《论语》扫清一些不必要的障碍。

一

首先，由于年代相隔久远以及古汉语不加句读，解释《论语》面临的首要功夫就是如何解释单个词句，如何点断句子，这看似有些琐碎的工作，便成为我们理解《论语》十分关键的一个环节。这里有几个例子可以说明问题：如对于《为政》篇的“攻乎异端，斯害也已”的解释，至少就有四种不同的说法，而每种解说的前提则是首先要确定“异端”一词究竟作何意谓。皇侃疏云：“异端，谓杂书也。言人若不学六籍正典，而杂学于诸子百家，此则为害之深。”朱注则云：“异端非圣人之道，而别为一端，如杨墨是也。其率天下至于无父无君，专治而欲精之，为害甚矣。”戴东原也别有新解，其云：“端，头也。凡事有两头谓之异端。言业精于专，兼攻两头，则为害耳。”《韩诗外传》则更加自出心裁，谓：“盖异端者各为一端，彼此互异，惟执持不能通则悖，悖则害矣。有以攻治之，即所谓序序异端也。斯害也已，所谓使不相悖也。”[1]显然，对于这条语录，各家的注释对于“异端”的理解迥然不同，而这与解释学中所谓“先见”的说法恰可相映成趣。海德格尔曾说：“把某某东西作为某某东西加以解释，这在本质上是通过先有、先见和先把握来起作用的。解释从来就不是对某个先行给定的东西所作的无前提的把握。如果像准确的经典释文那样特殊的具体的解释喜欢援引‘有典可稽’的东西，那么最先的‘有典可稽’的东西无非只是解释者的不言自明的无可争议的先入之见，它作为随同解释就已经‘被设定了’的东西是先行给定的，也就是说，是在先

[1] 程树德：《论语集释》，第104～106页，中华书局，1990年。

有、先见、先把握中先行给定了的。”[1]伽达默尔也说：“一切诠释学条件中最首要的条件总是前理解，……正是这种前理解规定了什么可以作为统一的意义被实现，并从而规定了对完全性的先把握的应用。”[2]不难看出，在对这条语录的注解中，朱熹和戴东原分别从“尊德性”和“道问学”的大背景下给出自己的解释，“异端”在此分别相对于“圣人之道”与“业精于专”而言，反映出宋儒与清儒明显而强烈的分歧，而皇疏则以经学的眼光来理解“异端”，是心性之学兴起之前儒者的老派观点，同样带有先入为主的成见。由此不难发现，对于不同的解释者而言，“异端”一词有着几乎完全不同的意思，而这种不同在某种程度上是由注者的时空背景与学术视域所决定的，几乎不可能被完全克服，文本的内涵也因之始终处于敞开的状态，给解释者留下了可供发挥的广阔空间。当然，在孔子时代，“异端”应当有明确的所指，但上述哪一种解释更贴近《论语》的原意，则并不能被轻易断定。后人对“异端”五花八门的解释尽管可能并不符合其本意，却在无形之中丰富了这个语词的内涵，而这也是文本解释中一种十分有趣的现象。

其次，让我们来看一个由于点断句读不同以造成理解歧义的例子。《子罕》篇开头有“子罕言利与命与仁”这么一句话，关于“利”的解释，何晏《集解》与朱熹《集注》就很不相同，《集解》谓：“利者，义之和也。”《集注》有程子曰：“计利则害义。”两者相反。另外，对于断句，《集注》以利、命、仁三者并列，均为夫子所罕言，程子云：“计利则害义，命之理微，仁之道大，皆夫子所罕言也。”元陈天祥的《四书辨疑》则在“利”字下点断，谓：“若以理微道大则罕言，夫子所常言者，岂皆理浅之小道乎？圣人于三者之中所罕言者，惟利耳，命与仁乃所常言。命犹言之有数，至于言仁，宁可数邪？圣人舍仁义而不言，则其所

[1]海德格尔：《存在与时间》，陈嘉映、王庆节译，第150页，三联书店，2006年。

[2]伽达默尔：《真理与方法》，洪汉鼎译，第7页，上海译文出版社，1992年。

以为教为道，化育斯民，洪济万物者，果何事也？”[1]可以看出，陈天祥的注解正好是针对朱子的发难，而分歧产生则恰恰是因点断句读的不同而起。当然，这种分歧也包含了朱子与陈天祥对于《论语》文本本身的不同理解。“命”、“仁”的观念在《论语》中确实多次出现，这是陈立说的根据，朱子不是没看到这一点，不过朱子以“命之理微，仁之道大”来解释这种矛盾，更多地将“罕言”理解为不轻易言说，而非简单的不言说。客观地看，朱子的这种诠释也有其文本的根据，但揆诸古汉语的书写习惯，“与”字作为一个连词似乎很少被并列使用两次，如此说来，陈天祥的讲法似更胜一筹。当然，我们必须承认，句读点断引起的纷争很难有绝对的准确性，在某种程度上这仍是一个见仁见智的解释空间，并不容易被断为铁案。

二

下面让我们暂时脱离寻章摘句的功夫，来看一个更具普遍性的问题，而这也是阅读《论语》过程中遇到的普遍障碍。史华兹曾敏锐地指出：“中国古代典籍中的语言是极其简约的，譬如说，它缺乏单复数、冠词和表示抽象性的后缀。它十分依赖于情景性的语境，或是依赖于大家都能理解的上下文。”[2]对于理解《论语》，这段话尤其值得仔细回味。众所周知，《论语》的体裁是语录体，孔子与弟子之间的问答语境早已消逝在久远的历史时空之中，而《论语》中的很多话头大多语境性极强，面对文本十分精简的记录，如果不能还原语境，那么做到尽量客观地理解文本就只能是一句空话，让我们通过一个例子来说明这一点。

《述而》篇有一则记载云：“冉有曰：‘夫子为卫君乎？’子贡曰：‘诺，吾将问之。’入，曰：‘伯夷、叔齐何人也？’曰：‘古之贤人

[1] 程树德：《论语集释》，第565～566页，中华书局，1990年。
[2] 史华兹：《古代中国的思想世界》，程钢译，第11页，江苏人民出版社，2004年。

也。’曰：‘怨乎？’曰：‘求仁而得仁，又何怨？’出，曰：‘夫子不为也。’”这是《论语》中很有名的一段对话，但要深入理解这条语录微妙的意味，却并不简单。这不仅需要对卫国当时复杂的国政情况有所了解，也需要悉心体会子贡的发问为何会以看似不着边际的伯夷、叔齐的故实为切入点，只有同时照顾到这两个问题，对这则对话的理解才能恰如其分。

首先，让我们来看当时卫国内外的情况。关于这一点，《春秋》、《左传》、《公羊传》中均有详细的记载。郑注云：“为犹助也。卫君者，谓辄也。卫灵公逐太子蒯聩，公薨而立孙辄。后晋赵鞅纳蒯聩于戚，卫石曼姑帅师围之。故问其意助辄不乎。”[1]郑玄虽对此给出了一个背景说明，但仍较为简略，毛奇龄在《四书賸言》中则综合各种材料，对此事件的来龙去脉给出了更为详尽的解说，其文曰：

夫子为卫君，不知如何为法。据《公羊传》，卫辄之立，受命灵公。古立国典礼不以父命废王父命，辄之拒聩，遵王父命也，可为也。据《左传》，则卫灵、齐景、鲁定同盟伐晋，而晋乘卫灵初死，用阳货计挟蒯聩以伐卫丧。则伐丧当拒，借纳君以报宿怨，其意叵测，又当拒。且晋所怨者，灵也，灵甫在殡，而报怨者已在境，虽非蒯聩，亦定无拱手而听之者，是不可不拒。况晋为齐、鲁、卫三国所仇，卫虽欲平，齐、鲁安得而平之？则又不得不拒。故当时卫人无有不以拒晋为能事者，此又可为也。据此二义，而夫子在卫原有似乎为卫君者，然但为其拒晋，不为其拒父也。[2]

按照毛奇龄的分析，卫国当时与齐鲁同盟共同抗晋，但晋国纳灵公之子蒯聩，以伐丧之名欲侵卫国。面对这种处境，卫君蒯辄无论是依据遵王

[1] 程树德：《论语集释》，第461页，中华书局，1990年。
[2] 同上，第460页。

父命为先的古礼，还是出于保卫国土免遭侵犯的考虑，都不可能接纳其父蒯聩的归来，因此，从道义上来讲，卫君蒯辄拒父的选择是合乎情理的。但问题是尽管蒯辄的做法有很充足的理由，但按照传统的伦理规范，子之拒父仍然是一种受到谴责与质疑的行为，也就是说，蒯辄实际上面临着一种十分微妙的伦理困境，即通常所说的忠孝难以两全的尴尬境地。而冉有之所以会提出“夫子为卫君乎”的问题，实际上也是深入体察到卫君所处地位的难处。令冉有感到困惑和好奇的是，如果夫子处在卫君的位置上，那么该如何处理这个烫手山芋呢？正是出于这样的问题意识，又不好直接面询孔子，于是擅长言辞的子贡便向夫子提出“伯夷、叔齐何人也”的问题，试图通过这种委婉的方式以窥测夫子的倾向，其手法之含蓄颇值得仔细玩味。

让我们接着来看关于伯夷、叔齐的故事。《集注》对此言之甚详：

伯夷、叔齐，孤竹君之二子。其父将死，遗命立叔齐。父卒，叔齐逊伯夷，伯夷曰：“父命也。”遂逃去。叔齐亦不立而逃之，国人立其中子。其后武王伐纣，夷、齐扣马而谏。武王灭商，夷、齐耻食周粟，去隐于首阳山，遂饿而死。怨，犹悔也。君子居是邦，不非其大夫，况其君乎？固子贡不斥卫君，而以夷、齐为问。夫子告之如此，则其不为卫君可知矣。盖伯夷以父命为尊，叔齐以天伦为重。其逊国也，皆求所以合乎天理之正，而即乎人心之安。既而各得其志焉，则视弃其国犹敝屣尔，何怨之有？若卫辄之据国拒父而惟恐失之，其不可同年而语明矣。[1]

十分明显，子贡问伯夷、叔齐的故实就是针对卫辄拒父而来的，这里有几个类比可以说明二者之间的关联性。首先，夷、齐的兄弟关系与聩、辄的父子关系可有一比；其次，夷齐让国与卫辄拒父正好形成对比；再次，夷齐在父命与天伦之间的选择也类似于卫聩、卫辄父子面临的处境。

[1] 朱熹：《四书章句集注》，第96～97页，中华书局，2003年。

由于“君子居是邦不非其君”，故子贡借夷齐之问以打探卫国的现实政治问题，实在是非常聪明的做法。当然，夫子的回答也很巧妙，“求仁而得仁，又何怨”，在这一来一往的问答中，子贡已经掌握了夫子的态度倾向。按照朱熹的解释，子贡之所以会得出“夫子不为卫君”这样很有把握的结论，其实并不是要对卫君拒父的行为本身提出责难，而是对卫辄据国惟恐失之这种自私自利的不堪用心表示不屑。[1]但有趣的是，若按照毛奇龄的解释，则“夫子在卫原有似乎为卫君”之意，只不过是“为其据晋，不为其拒父也”，尽管这种说法听起来很突兀，与文本的意思也不相符，但揆诸其他史料，毛奇龄的猜测也并非是无稽之谈。这样看来，当面临现实的伦理困境时，夫子的态度其实也是模棱两可。我们知道，正是由于孔子在卫国复杂政治环境的亲历亲见触动了思考，“君君、臣臣、父父、子子”的正名学说才得以出炉。可以说，在卫国的遭遇为孔子思想的发展提供了重要契机，如果没有对原处语境的还原，没有其他文献材料的支持，那么对“夫子为卫君”一章作出恰如其分的解释将十分困难。通过对这个例子的剖析不难看出，某种程度上还原语境对于阅读《论语》是必不可少的关键环节，否则，夫子的很多话头都有如无头公案一般，让人摸不着边际。

三

《论语》中更多的语录，原初语境早已不可考见，语录的深层内涵难以琢磨。

下面让我们来看这样几个例子：

①子在川上，曰：“逝者如斯夫，不舍昼夜。”（《子罕》）

②子曰：“参乎！吾道一以贯之。”曾子曰：“唯。”子出，门人问

[1] 关于对“夫子为卫君”章的详细解读，参看陈少明《君子与政治》一文，见《中山大学学报》（社会科学版）2005年45卷4期，第7~13页。

曰：“何谓也？”曾子曰：“夫子之道，忠恕而已矣。”（《里仁》）

③逸民：伯夷、叔齐、虞仲、夷逸、朱张、柳下惠、少连。子曰：“不降其志，不辱其身，伯夷、叔齐与！”谓：“柳下惠、少连，降志辱身矣。言中伦，行中虑，其斯而已矣。”谓：“虞仲、夷逸，隐居放言。身中清，废中权。我则异于是，无可无不可。”（《微子》）

上述三例，虽旨趣各异，但字面意思都很清楚，遗憾的是，我们对夫子说这些话的具体语境都已不能确知。如①、②两条，没有相关的背景知识可考，征诸其他经史典籍也无从考证，[1]“逝者如斯夫”，“参乎，吾道一以贯之”，都是听起来充满感情的话头，但夫子是在什么样的语境下发出如此强烈的感叹，这对于理解文本并非无关紧要。③的情况似稍有所不同，我们对夫子的话倒明白，但对于文本中所说的逸民夷逸、朱张二人，则几乎无任何信息可以参考，如此一来，则对于“虞仲、夷逸，隐居放言。身中清，废中权”的话也就不太能够有亲切的体认。《论语》中类似的章节比比皆是，既然语境大多已不可复原，那么如何在断裂的文本与当下的理解之间架起桥梁，就成为历代注家必须解决的问题。当然，在这个环节中，解释者本人可发挥想象的空间很大，如朱熹对“逝者如斯夫”的解释就加进了道体的预设，曰：“天地之化，往者过，来者续，无一息之停，乃道体之本然也。然其可指而易见者，莫如川流。”[2]而这是否是夫子的本意，似乎很难判断。对于“吾道一以贯之”，注家更是歧义迭出，众说纷纭，因为这句话横空出世，更需要补白才能解得合情合理。朱子从理学的角度出发，将“贯”解释为“通”，“一以贯之”即是“以一心应万事”之意。清儒擅长考据，王念孙《广雅疏证》、阮元《揅经室集》都博引古籍，以行事解“贯”字，谓“孔子之道皆于行事见之，非徒

[1]“厩焚，伤人不问马”一章可能是个例外，《孔子家语·子贡问篇》有“孔子为大司寇，国厩焚”的记载，但《论语》本身并无“国”字，两事究竟是否为一事，也不易断定。

[2]朱熹：《四书章句集注》，第113页，中华书局，2003年。

以文学为教也”[1]。如果从实证的观点看，我们自然更加同意清儒的看法，毕竟于典有据，但朱子的说法是不是带有“创造性诠释”的意味，他的注解是否为我们理解《论语》开拓了另一番的天地，确实很值得斟酌。另外，在解释经典的过程中，对与错、正与误的边界如何确定？有没有判别的标准？仔细思量这些问题，其实都颇令人踌躇。利科曾说，“所有诠释学的目的，都是要征服存在于经典所属的过去文化时代与诠释者本身之间的疏远和距离。借由克服这距离，使自己与经典的时代合一，诠释者才能够使其意义为自己所有：他使陌生成为熟悉，也就是说，他使它属于他自己。这正是他透过理解他者而得到他所追求之自我理解的成长。因此，每一诠释学，无论外显地或隐含地，都是经由理解他者而有的自我理解”[2]。利科的这种说法为诠释活动提供了一种很妥当的解说，的确，如果说我们阅读经典的目的在于完成“透过理解他者而得到他所追求之自我理解的成长”，那么这将是一条永远敞开的路，它通往远方，却永远不会有一个完成的终点。

应该看到，解释活动作为一种创造性的实践活动，不可能达到完全客观的标准，以上的讨论通过分析《论语》解释史上的一些个案，意在展示文本解释中的所谓“歧义”与“误读”，在某种程度上是不可避免的。无论是句读模糊抑或语境缺失，都说明了要达到对文本本身的客观理解，几乎是一件无法完成的任务。而解释学的立场与方法对于文本阐释中遇到的这类问题则给出了学理上的说明，这对我们明确解释经典的边界，以谨防过度阐释，无疑是很有帮助的。当然，本文的目的绝不仅是爬疏《论语》解释史中遗存的若干小问题，也不仅仅是以解释学的理论对此观照。我想指出的是：尽管我们对于《论语》的“原义”也许永远不可能完全了解，但对文本的开放性解读却是我们学习经典的源头活水。如果没有如切如

---

[1] 程树德：《论语集释》，第258页，中华书局，1990年。

[2] 利科：《诠释的冲突》，林宏涛译，第14～15页，台北桂冠图书公司，1995年。

磋，如琢如磨的工夫，没有抱持敬畏之心的细读与深耕，那阅读经典最终只能是不着边际的“削足适履”，而这也是我们亲近古贤过程中最容易造次的地方。

参考文献：

1. 朱熹：《四书章句集注》，中华书局，2003年。

2. 程树德：《论语集释》，中华书局，1990年。

3. 海德格尔：《存在与时间》，陈嘉映、王庆节译，三联书店，1987年。

4. 伽达默尔：《真理与方法》，洪汉鼎译，上海译文出版社，1992年。

5. 利科：《诠释的冲突》，林宏涛译，台北桂冠图书公司，1995年。

6. 史华兹：《古代中国的思想世界》，程钢译，江苏人民出版社，2004年。